学习漫画　用科学破解谜团

放学后科学探险队

理科知识解谜挑战

[日] 泷川洋二　原口留美（伽利略工作室）主编　[日] 二寻鸠彦　绘
[日] 藤森环奈（赛德牧场）著　田田　译

校园篇

人民邮电出版社
北京

图书在版编目（CIP）数据

放学后科学探险队. 理科知识解谜挑战. 校园篇 / (日) 泷川洋二, (日) 原口留美主编 ; (日) 藤森环奈著; (日) 二寻鸠彦绘 ; 田田译. — 北京 : 人民邮电出版社, 2023.7
ISBN 978-7-115-61507-7

Ⅰ. ①放… Ⅱ. ①泷… ②原… ③藤… ④二… ⑤田… Ⅲ. ①科学知识－少儿读物 Ⅳ. ①Z228.1

中国国家版本馆CIP数据核字(2023)第064992号

内 容 提 要

妮可和托马是好朋友。妮可好奇心旺盛，热爱科学；托马动手能力强， 对制作机器人很着迷，并且制作了机器人伙伴“小丸子”。这一天放学后，他们在一次“探秘”事件中巧遇到馆山风子——科学家馆山博士的孙女。三个人用学到的理科知识一起解开了谜团，也成了好朋友，并组建了“放学后科学探险队”。

恰逢校园里掀起了用科学解决谜题的热潮，让我们看看探险小队是如何用科学解决这些谜题的吧！本册书里都是发生在校园中的事件，每一个事件都需要通过科学推理来解决，小读者也会变成探险小队的一员，边学习实验、边动手操作，身临其境地用科学知识解决谜题。 本册涉及的知识有光的性质、重量与压力、水的性质、温度与体积、物体的燃烧等。

这本书可以让孩子在一件件解谜事件中轻松掌握小学教科书讲解到的理科知识，还可以拓展了解到中学阶段会学到的内容，从而培养孩子对科学的兴趣。

◆ 主　　编　[日] 泷川洋二　原口留美（伽利略工作室）
著　　　[日] 藤森环奈（赛德牧场）
绘　　　[日] 二寻鸠彦
译　　　田　田
责任编辑　陈　晨
责任印制　周昇亮

◆ 人民邮电出版社出版发行　　北京市丰台区成寿寺路 11 号
邮编　100164　　电子邮件　315@ptpress.com.cn
网址　https://www.ptpress.com.cn
天津翔远印刷有限公司印刷

◆ 开本：880×1230　1/32
印张：4.875　　2023 年 7 月第 1 版
字数：202 千字　　2023 年 7 月天津第 1 次印刷

著作权合同登记号　图字：01-2021-3201 号

定价：49.80 元

读者服务热线：(010)81055296　印装质量热线：(010)81055316
反盗版热线：(010)81055315
广告经营许可证：京东市监广登字 20170147 号

序言

“放学后科学探险队”最初连载于面向小学生的月刊《孩子们的科学》。本书是将这部人气漫画汇编而成的单行本。

漫画中人物遇到的困难都要通过严密的科学推理来解决，小读者们都很热衷于推理并解决谜题。编辑部总是会收到很多读者的“解谜”来信。编辑部每月会公布解谜成功的读者名单，并为他们送出原创的小礼品，这让小读者们每个月都激动万分。

自 1924 年创刊起，杂志的理念从未改变，那就是让孩子们了解真正的科学，以及激发每个孩子与生俱来的对科学的兴趣，让他们感受到科学的乐趣。如今,《孩子们的科学》已然成为一本历史悠久的科学杂志，2024 年，该杂志即将迎来百岁华诞。

相信每个人对这个世界的好奇心都是共通的。日常生活中，我们总会遇到想问“为什么”的时候。弄懂现象背后的原理，会让我们收获一种震撼，这种震撼对于科学学习来说至关重要。此外，如果能通过实验或者手工制作，亲自验证某种现象，我们一定会对它毕生难忘。

本书经过精心的设计，让你能够在阅读漫画的同时，开动脑筋破解谜题，学习其中的科学原理，并通过实验和手工制作实际应用它们。

小学里将要学到的很多科学知识会在本书中陆续登场。

那么现在，就让我们和“放学后科学探险队”一起，领略科学的奇妙之处吧！

《孩子们的科学》编辑部

主要出场人物

妮可

小学五年级学生，好奇心旺盛，热爱有关科学的一切。她是个体育健将，也是女子足球部的一员。她惊人的体力和正义感，让捣蛋鬼们都对她惧怕三分。她性格倔强、言出必行，与温柔冷静的托马是一对好搭档。

托马

小学五年级学生，爱看漫画，动手能力强。他住得离妮可很近，与妮可从小就是好朋友。小时候，他和妮可去科技馆参观，对看到的人形机器人心动不已，自那之后就一直对制作机器人很着迷。他与身为工程师的爸爸一起制作了机器人“小丸子”，并和它成为好伙伴。他心地善良，不好争斗，但是在妮可面前很强势。

馆山风子

著名科学家馆山博士的孙女，刚刚转学到妮可和托马所在的小学。她性格内向，不爱与人交流，但在一次事件后与妮可和托马成了好朋友。

馆山博士

馆山风子的爷爷，著名科学家，以“为未来的科学家提供科学启蒙”为己任，积极开办实验教室，举办科技竞赛等活动。为了更受小朋友们欢迎，他还特意烫了爆炸头。

小丸子

托马制作的机器人，与托马形影不离。给小丸子增添新功能是托马的乐趣之一。

目录

事件 1　寻找失踪的钥匙

喂！
等等！
咔——
咔
抓到你了！
咔——
呼——多谢你呀，妮可。
托马的发明不是一直都接错线吗？
好奇怪……难道是电线接错了？
没有『一直』啦！

俗话说，失败是成功之母，
我的梦想是成为21世纪的爱迪生！
嘎吱
嘎吱
嘎吱
嘎吱
嘎吱
嘎吱
哇啊啊啊啊……
啊！
咻—！
咔嚓
哇啊啊！
没……没事吧？

不好！是妮可！
啊……小丸子……
快跑啊！
他们是谁啊？！
（3）班的几个同学。
妮可，他们怎么都怕你呀？
哼！
肯定是干了什么！

小丸子！太好啦……你还活着！
唯一的优点就是耐摔。
沙沙
那个是你做的吗？
啊！
啊！是前几天转学来的风子！
沙沙
不会是被那帮家伙欺负了吧？
你受伤了吗？
要不要去医务室？

我没事。
但是，
我有一样重要的东西不见了，
那帮家伙真可恶！
下次绝不会让他们跑掉了！
是什么东西？可能会丢在哪儿呢？
一把挂着兔子铃铛的钥匙……
可能丢在家庭课教室了……

那咱们一起去找！
真的可以吗？
当然了！没有我找不到的东西！
妮可一直都梦想着当侦探呢！
家庭课教室
唔，没有呢——
这里也没有！
料酒
酱油
油

还剩这里面没找……
米缸吗？
把手插进去摸摸看？
可是我刚才趴在地上了，手很脏的！
唔——
咣当
咣当
咣当
你在干什么？
?
钥匙可能因『砂土液化』现象浮上来。
砂土液化？
嘿！
你们看这个！

这是芝麻盐，仔细看的话，它的盐粒比普通的盐要大一些，对不对？
咦？真的呢！
这其中的原理和砂土液化现象一样，给比重不同的物质的混合物施加振动，
小而重的物质会沉下去，大而轻的物质会浮上来。
砂土液化，比重很轻的水会向上浮。
也就是说，如果用普通的盐来做芝麻盐，在反复摇晃后，盐粒就会慢慢和芝麻分开啦！
为了防止这种现象发生，人们故意把盐做成了和芝麻一样大、一样轻的『人造盐粒』。
……
我明白了，像这样摇晃的话，钥匙说不定会自己浮上来。
咣当咣当…
来吧！接下来就交给我了！
振动得越充分、越剧烈越好，对不对？
该轮到小丸子登场了！

咣当
哐啷
咣当
咣当
哐啷
哐啷
哐啷
哐啷
哐啷
咣当
啪叽
咣当
咣当
耶——！
找到啦——！
叮铃……
只有铃铛吗……
好像是从钥匙上掉下来了。
咣当、咣当、咣当……
钥匙那部分会因为比较重而沉下去吧！
果然还是要用手挖吗？
啊……
糟了！

啊——真是的！糟蹋粮食怎么行！
我们一起去找老师认错吧！
都怪托马的机器人！
咣当
哗啦
啊——
啊——不过……
钥匙不在里面呢！
难道铃铛和钥匙被故意分开藏起来了？那些捣蛋鬼可真是煞费苦心啊！
托马，快去做一个金属探测器！
怎么可能马上做出来嘛！
呃，那个……

钥匙不是金属的……是玻璃的……
玻璃的？
咦？真稀奇啊！
……
站起
怎么了？
唔，说不定……
钥匙就在我们刚刚找过的某个地方……

解谜线索

推理出钥匙藏在哪儿！

通过振动米缸，我们找到了兔子铃铛。
但是，最重要的钥匙却没有挂在上面，不知道去了哪里！

听到风子说钥匙“是玻璃的”，我才忽然想到，家庭课教室里还有一处可疑的地方。

关键提示

- 钥匙是玻璃的。
- 可能在我们找过的地方。

家庭课教室里找过的地方……
箱子、锅，还有盛油、酱油和料酒的容器，
最后就是米缸了……

答案就在其中！

难道真的在洒出来的米里面吗？

我们已经把米都装回去了，而且是边找边装的，没有发现钥匙呀！

也就是说……有一个被我们找过，但依然是死角的地方？

死角嘛……哈哈，我们看了那里一眼，只不过没有看清。

没看清？！

谜题的答案就在
后面的故事里！

什么！你知道钥匙在哪儿了？
我想……大概是……
这里！
你是说这个油罐？我们刚才已经检查过它了，现在也一样看不到钥匙呀！
看好了……
咕咚咕咚……

找到啦！
怎么回事？！刚才明明什么也看不到！
那是因为玻璃的折射率和食用油的折射率差不多！
折射率？
我们之所以能看到物体，是因为我们能看到物体反射的光或者透过的光。
我们看到的光会因为不同物体的材质、颜色和形状发生变化，我们因此才能看清物体的样子。
判断光线路径的指标之一就是折射率。
如果两种介质的折射率不同，我们就会看到物体反光或者好像发生了弯折，但是食用油和玻璃的折射率差不多，
所以它们会像这样『融为一体』，我们就看不到钥匙啦！
好厉害！

给你！能找回来真是太好了！
谢谢……
耶——太好啦！太好啦！
……
那个……
你们能不能帮我用这把钥匙打开一个盒子？
嗯？

放学后
哇！
好大的房子呀！
馆山
馆山？咦……这个名字……
就是这个盒子！
满满一排
这个……呃，到底是哪个？
我也不知道……
这些盒子是我爷爷做的，他就喜欢搞这种恶作剧。

从一边开始，按顺序都试着开一遍？
钥匙是玻璃做的，所以……
要是选错了盒子，钥匙会被转碎的。
我们必须一次就把它插进正确的盒子里。
来！让小丸子把它撬开！
挥手
傻瓜！万一弄坏了里面的东西怎么办？
唔——你确定这些盒子里有一个是正确的？
确定。爷爷给我钥匙的时候说『其中一个盒子里面装着很重要的信息，请你打开它』。

我爷爷是个科学家，所以我猜一定有什么和科学相关的线索……
你不会是为了考验我们才故意把钥匙和铃铛藏到家庭课教室里的吧？
藏法太刁钻了，我刚才就觉得奇怪了！
对对对对不起……
什么！不是那帮捣蛋鬼藏的？是你自己藏的？！
嗯……是的！
算了算了，反正还挺好玩的！
话说回来，你刚才提到科学家，难道你爷爷是馆山博士？！
馆山博士的
少年科学教室
电视机
我一直在参加馆山博士办的少年机器人大赛！
馆山
我参加过少年自由科研比赛！
但我们最后都落选了！
啊哈哈……
但是刚才你们真的很厉害！

我只不过是学着爷爷的样子设计了谜题……
在学校听说你们两个的事迹后，
我就以盒子的事为契机……
我其实是想和你们成为朋友！
你说什么……
我们已经是朋友了呀！
所以说，这里是馆山博士的家？！
哇！
对对对对对不起！爷爷没和我住在一起。
这么一来，馆山博士留下的信息突然变得很令人期待！
东张
西望

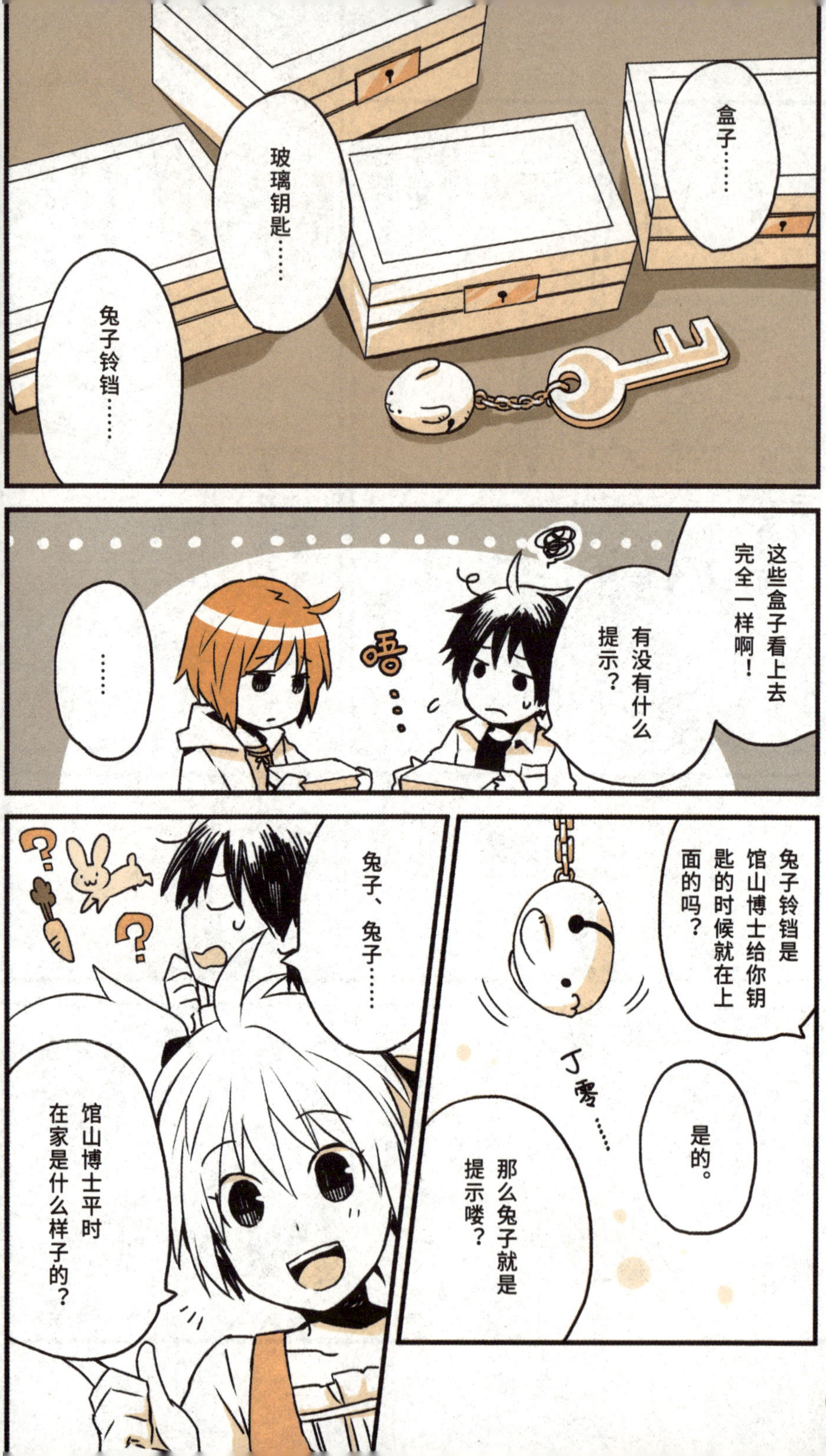
盒子……
玻璃钥匙……
兔子铃铛……
这些盒子看上去完全一样啊！
有没有什么提示？
唔
……
兔子铃铛是馆山博士给你钥匙的时候就在上面的吗？
丁零……
是的。
那么兔子就是提示喽？
兔子、兔子……
馆山博士平时在家是什么样子的？

嗯……就像其他人的爷爷一样，但他有时会像这样给我出奇怪的谜题，
请听题
可能是想让我对科学感兴趣吧！
我爸爸走了音乐的道路，于是爷爷就想培养我成为科学家。
兔子……兔子是白色的，兔子会蹦蹦跳跳，兔子的耳朵很长……
啊……会不会是……
风子，我可以弹钢琴吗？
啊？当然可以……
邦—邦—……

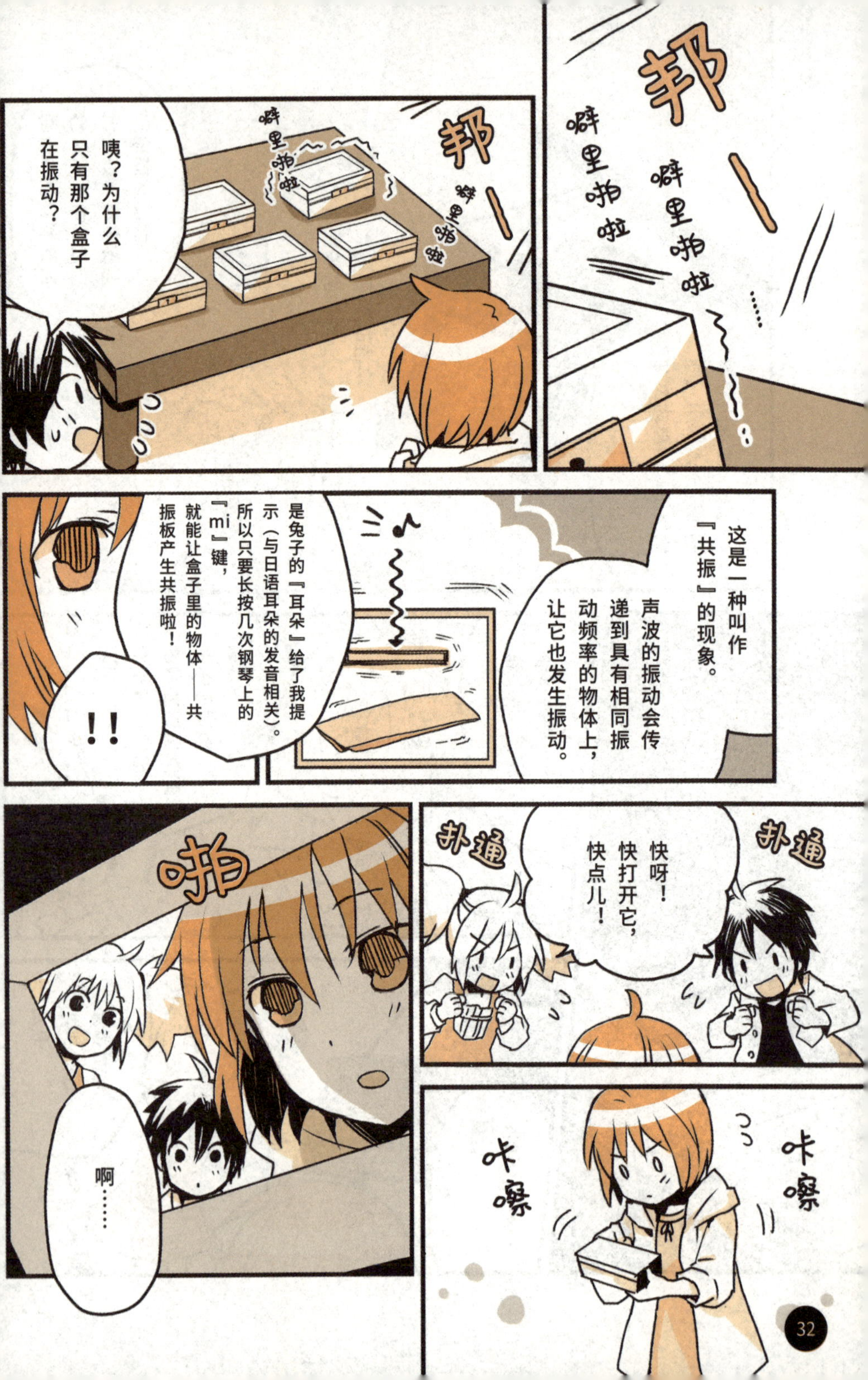

邦
噼里啪啦
噼里啪啦
……
邦
噼里啪啦
噼里啪啦
咦？为什么只有那个盒子在振动？
这是一种叫作『共振』的现象。
声波的振动会传递到具有相同振动频率的物体上，让它也发生振动。
是兔子的『耳朵』给了我提示（与日语耳朵的发音相关）。所以只要长按几次钢琴上的『mi』键，就能让盒子里的物体——共振板产生共振啦！
!!
扑通
扑通
快呀！快打开它，快点儿！
啪
啊……
咔嚓
咔嚓

……
转身
？
咦？是什么东西？
抱歉，是一些私密的东西，我要保密……
啊……可我们不是朋友吗？
偷偷摸摸……
写给风子：
你的性格有些内向，我担心
你转学之后交不到朋友。
你的新学校里有几个经常参
加我比赛的孩子。
虽然前几次没获奖，但他们都很有前途。
他们都是好孩子，你可以去试着和他们说说话。
爷爷，我已经和他们成为朋友啦！
？

了解光的性质

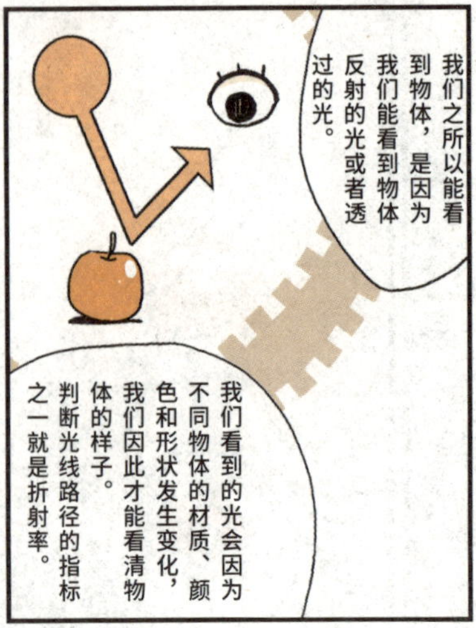

我们之所以能看到物体，是因为我们能看到物体反射的光或者透过的光。
我们看到的光会因为不同物体的材质、颜色和形状发生变化，我们因此才能看清物体的样子。
判断光线路径的指标之一就是折射率。

妮可说，是光让我们看到物体的，这是什么意思呢？

学习课题『光的性质』

阳光、LED 灯光等照亮了我们的生活，让我们能看见各种物体。被阳光照射的物体还会变得温暖。由此可见，光有许许多多的性质。

妮可找到玻璃钥匙后说：“我们之所以能看到物体，是因为我们能看到物体反射的光或者透过的光。”也就是说，光照到物体上后，会发生各种各样的变化。

光在物体表面发生反射或者漫反射后，会进入我们的眼睛，让我们看见物体。另外，如果光照在透明的物体上，就只有一部分会发生反射，其余的光则会穿透物体（透过），从它的另一侧钻出来。

反射

反射的光能让我们看到物体。

漫反射

光照在坑坑洼洼的表面上时，会向各个方向发生反射。

透过

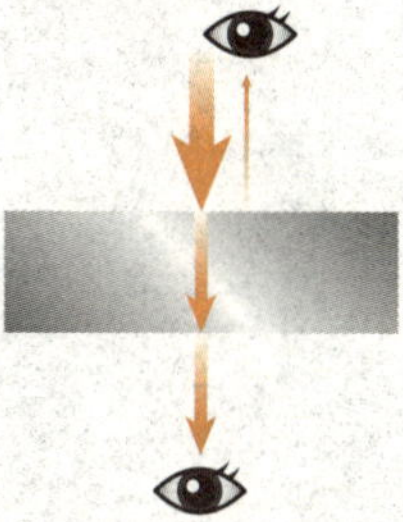

透明的物体会反射一部分光，其余的光会穿过物体。

折射

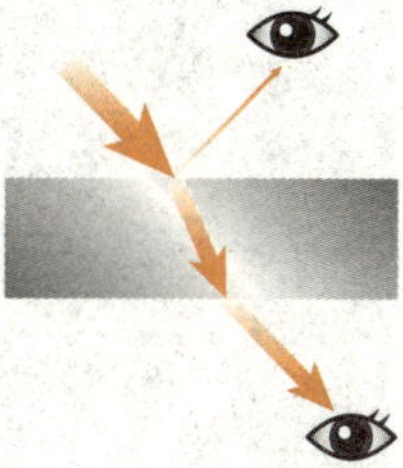

穿过透明的物体时，光会发生偏折。

光照在物体上时会发生什么？

那么，如果光照在水中，会发生什么呢？

水是透明的，所以光的一部分会发生反射，另一部分则会从水中透过。这时，由于光在空气中和水中前进的速度不同，空气和水交界处的光会发生偏折（折射）。因此，放入水中的物体看起来就像是弯折了一样。

为什么玻璃钥匙放在食用油里就看不见了呢？

那是因为玻璃和食用油的折射率（光在其中偏折的程度）几乎一样。我们能看到透明的物体，是因为眼睛捕捉到了被反射的那一部分光。但是，当玻璃被放进折射率差不多的食用油后，光就会笔直地穿过它，不会发生反射也不会折射。所以，钥匙就像是融进了油里一样，我们就看不见它了。

做一做 1

玻璃珠投影仪

需要准备的物品

- 透明塑料薄膜（可以从塑料包装袋上裁剪）（4cm×4cm）1 块

<注意>裁剪时，小心不要被划伤。

- 透明玻璃珠（直径 25mm 左右）1 颗
- 小型 LED 灯
- 塑料瓶（500mL）1 个
- 裁纸刀
- 油性笔（细）
- 白墙等能作为屏幕的东西

光穿过玻璃时会发生偏折。我们可以利用光的这个性质，制作一个简易投影仪！

投影仪，就是能将画面放大，并投射出来的装置。为了将画面放大，我们需要一个中央很厚的凸透镜。玻璃珠恰好有很厚的透明球面，可以用作凸透镜。

先让 LED 灯光穿过玻璃珠，打在稍远处的屏幕上，再在灯和玻璃珠之间放上一块画有图案的透明塑料薄膜，屏幕上就会映出大大的图案了。你也来动手做做看吧！

1

在透明塑料薄膜上用油性笔画一些图案，或者写一些文字。

注意

薄膜上的图案大小要小于玻璃珠的直径，大约 10mm 见方为宜。

2

把玻璃珠放在去掉盖子的塑料瓶上。

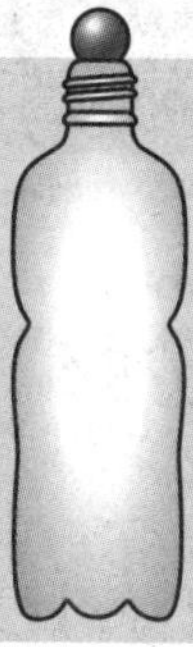

3

确定屏幕的位置，然后把玻璃珠放在距离屏幕约 40cm 的地方。

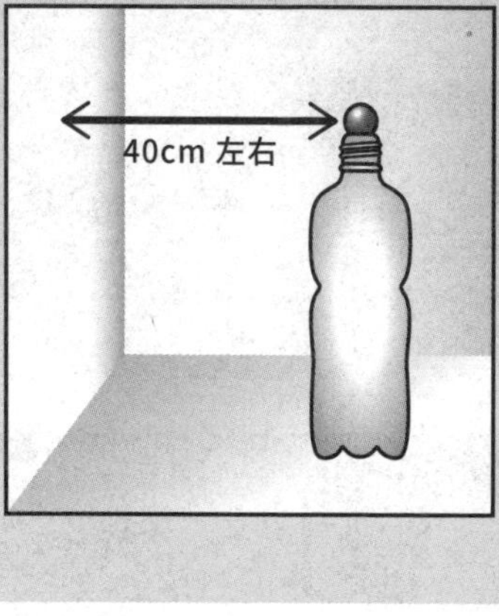

提示

投影的清晰度会因屏幕与玻璃珠之间的距离不同发生变化，你可以多调试几次。

4

将房间调暗，打开 LED 灯，让灯光穿过玻璃珠，打在屏幕上。

5

另一只手拿起塑料薄膜，放在 LED 灯和玻璃珠之间。

提示

屏幕上的图案是什么方向的？怎样才能投影出方向正确的图案呢？请你开动脑筋，想一想塑料薄膜该怎么放。

6

边观察屏幕，边慢慢前后移动塑料薄膜。成功聚焦之后，塑料薄膜上的图案或文字就能显示在屏幕上了。

注意　不要直视 LED 灯光，那可能会伤到你的眼睛。

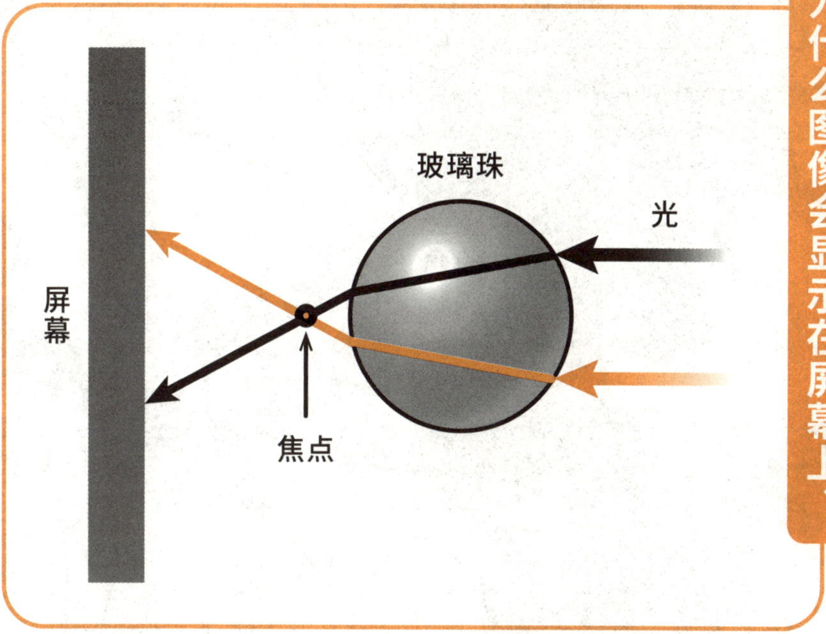

穿过玻璃珠这样的凸透镜时，光会像凸透镜的表面那样，发生角度很大的弯折。这样一来，光线就会像图中所示，在凸透镜前方的一点交汇。这个点叫作“焦点”。

交汇后，光线会继续向前延伸。到达屏幕后，放大很多倍的图案就被投射出来了。光在焦点处会发生上下左右的颠倒，因此，屏幕上显示出的图案也是颠倒的。

如果改变玻璃珠的大小，会发生什么呢？假设换成小一些的玻璃珠，我们将会看到更大的图案（玻璃珠比塑料瓶的瓶口还小时，不用取掉瓶盖，用双面胶等把玻璃珠固定在瓶盖上即可）。另外，凸透镜的直径越小，放大的倍数越大。世界上第一台显微镜就是用直径 1mm 左右的小玻璃珠做成的，当时人们用它来观察微生物。

事件 2 神秘的密码书信

一……一封可疑的信？！
理科准备室
对，
今天早上在鞋柜里发现的。
妮可，你竟然……
哈哈哈哈哈哈
你什么意思？
扑通 扑通
上面写了什么呢……
会不会是喜欢妮可活力满满的样子之类的……

介绍一下！
我们是
放学后科学探险队。
这个名字是妮可起的。
队长是妮可，
她活力十足，行动力强，
科学知识也很丰富，
她的梦想是当侦探。
副队长是托马，
他喜欢制作机器人，
是妮可从小的玩伴。
还有一个普通队员，
就是我，风子。
我爷爷是个科学家，
他非常想让我对科学
产生兴趣，
但我在困难面前
总是有点儿不知所措。

午休时间和放学后，我们会在理科准备室集合，一起做做实验或聊聊天什么的。
咕嘟咕嘟
啊！这里还有一位存在感很低的理科老师。
……
吸溜……
听我说完！
就是这个！
啪
啪

为什么要放在塑料袋里啊！
搞得像刑侦剧里的证物一样。
哼！我就是要这样！
因为这上面没写任何名字。
反面
正面
一般来说，收件人和寄件人的名字都会写在上面的吧！
太可疑了！
寄件人不明？
所以要用这个——
粉笔！

咔嚓
咔嚓
咔嚓
咔嚓
哗啦哗啦
做好啦！
要来了哦！
嘎吱
嘎吱
哗啦
哗啦
哗啦
咚
咚
咚
啪嗒
啪嗒
扯—

不知道能不能成功——
揭下
贴
成功了！
是蹄状的拇指指纹！
啊——原来是指纹——
人的手指会分泌少量的汗液和油脂，
所以在触摸物体的时候，手指的『样子』就会像印章一样印在物体的表面。

如果是玻璃之类的光滑物体，只要像这样洒上细小的粉末，再轻轻去掉表层的浮粉，就能检测出指纹了。
刑侦剧里常用的应该是铝粉。
如果是纸张之类的不光滑物体，
用胶水（氰基丙烯酸乙酯，俗称502胶）蒸气法，
或者用一种叫茚三酮溶液的试剂就可以检测出来了，因为这种试剂会与氨基酸发生反应。*
氰基丙烯……茚三……？
哇——简直就是鉴定师——
啥—
啥—
喂！认真听好不好！
据我所知，每个人的指纹都是不一样的，所以如果想确定某个特定的人，检测指纹是最快捷的方法。
指纹的形状基本可以分为3种。

* 铝粉、胶水蒸气、茚三酮溶液都是有害物质，请千万不要模仿！

涡状纹、
蹄状纹、
弓状纹。
人的指纹有的是涡状纹，
有的是蹄状纹，有的是弓状纹。
当然，每根手指的指纹形状也不同……
啊，我的食指是弓状纹。
我好像都是涡状纹……
那么，知道了拇指指纹是蹄状纹后，怎么确定它是谁的指纹呢？
要把全校学生的指纹都查一遍吗？

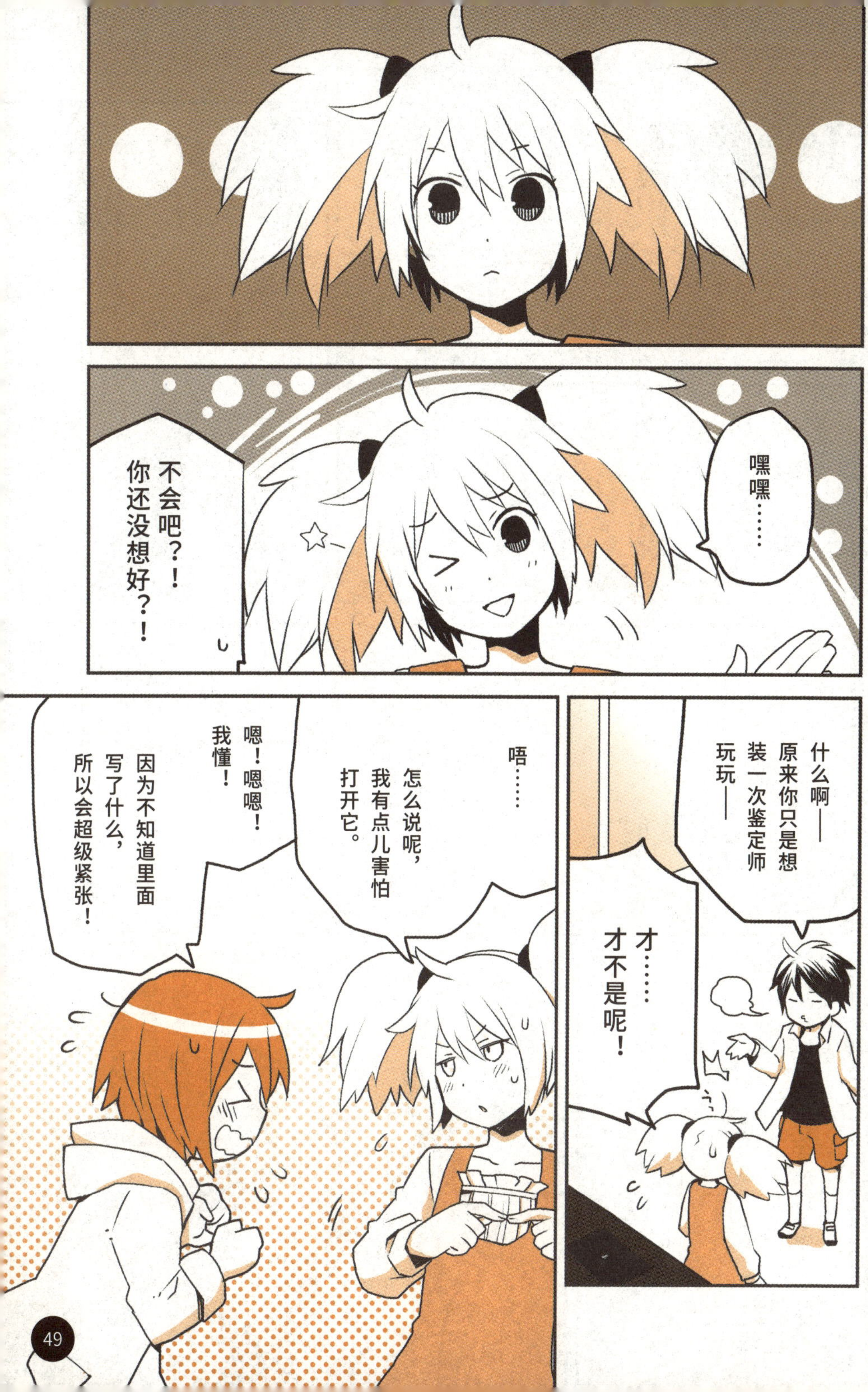
嘿嘿……
不会吧？！你还没想好？！
什么啊——原来你只是想装一次鉴定师玩玩——
才……才不是呢！
唔……怎么说呢，我有点儿害怕打开它。
嗯！嗯嗯！我懂！
因为不知道里面写了什么，所以会超级紧张！

你是不会懂的！
就是就是——
风……风子你也！
平时胆子那么大，这会儿怎么倒小心起来了——
总之，先打开看看再说！
给我
不！不行！！
也有可能不是写给我的啊！
怎么又害羞起来了……
总不能真的把全校学生的指纹都查一遍吧！
冲呀—小丸子!!
去吧
啊—真是的—
我知道了，我打开它，打开总行了吧！

喂！
别偷看！
沙
沙……
静……
……
……妮可
……唔
真的是写给我的！
gsmh ← 1 bpy ← 3 ip ← 2 dyr → 3
cdp ← 2 gte → 4 ayvd → 2
Aqvd → 2 ep ← 1

解谜线索

破解密码！

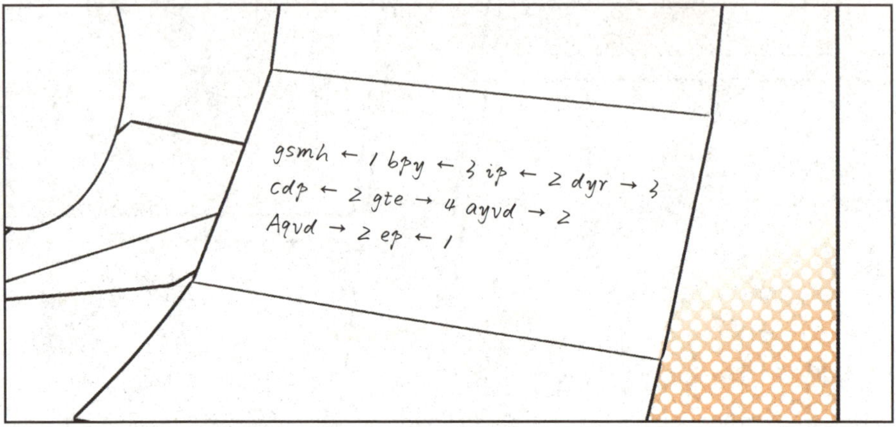

神秘的书信里是一串密码！
写信的人还真是花了些心思呢。
不过对我来说，这种密码很轻松就能破解。
写信的人一定很了解我，
所以故意编了这串简单的密码。

关键提示

密码对于妮可来说很简单。

破解密码的过程很有趣，关键是要想一想给出的信息怎样才能转换成文字。

比如说有这样的密码！

恺撒密码

ABC ⟶ DEF

规则：向后移动 3 个字母

web pef zerxk jf jx
↓
zhe shi chuan mi ma

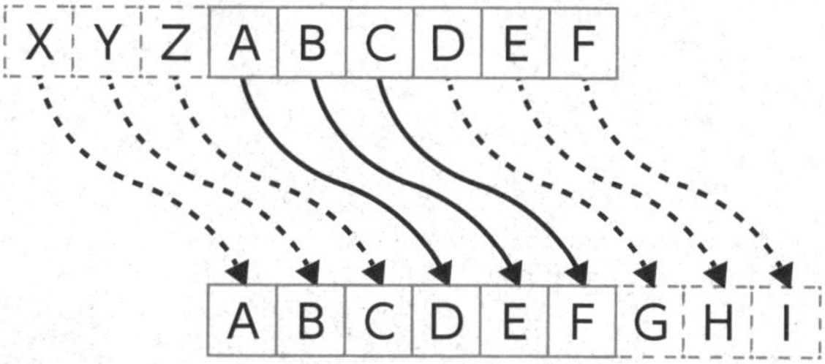

肯定是要把箭头和数字组合在一起看！

其实托马也有这件东西，但你不怎么用，所以不知道。

不用？这么说是妮可经常用的东西喽？

我经常用它给妈妈和朋友发消息。

谜题的答案就在后面的故事里！

gsmh ← 1 bpy ← 3 ip ← 2 dyr → 3
cdp ← 2 gte → 4 ayvd → 2
Aqvd → 2 ep ← 1
应该是『放学以后在楼顶等我』。
好厉害！瞬间就解开了！
咦？怎么做到的？
全键盘输入法？
To
主题
あ か さ
た な は
ま や ら
わ
这是用全键盘输入法表示的文字！
哦！是在手机上打字时用的那个！

没错！就是在全键盘输入法上位移相应的数字位置，打出文字！
To
主题
さ か つ は て ち ら と
密码中用箭头和数字隔开了9组字母。
第一组 gsmh ← 1 = fang
←1
第一组『gsmh』每个字母向左位移1位，得到新字母组合『fang』。
原来如此，
密码 gsmh bpy ip dyr
位移 ←1 ←3 ←2 →3
解码 fang xue yi hou
放 学 以 后
不过这和手机的输入法有关系，有的人不习惯用全键盘输入法。
但是这封信没写收件人的名字——
真的是写给妮可的吗？
我用的正好是全键盘输入法，所以能顺利破解密码。
妮可总是大大咧咧的，
所以会不会——其实是暗藏玄机的决斗书之类的？
寒风呼啸
嘿
哈
呵哈哈
怒

（注：图中人物形象参考剑道竞技）

才……
才不会呢！
出谜题让我来解，这不正是在迎合我的兴趣吗！
不可能，一定是决斗书！
托……托马！妮可！
哈哈哈
怎么会有人用这种方法交朋友呢？
大怒！
托马你这个大笨蛋！
BANG！
啊……

给我写这封信的人肯定比托马更了解我！
冲出
托马……
哼！
咦？
我怎么会这么焦躁？
放学后
噌
噌
噌
果然，
还是放心不下……

唔……
听不到声音……
窗户也太高，看不到里面的情况……
爷爷曾经教过我……
做好了！
潜望镜！
45°
45°
利用镜子反射让光线发生弯折，然后从另一端去看！
潜水艇之类的探测器都用到了这个原理！

提示：用手工刀时要注意安全！

用这个
偷偷地……
啊……
妮可
好像很惊慌？！
那是妮可班里的
冷酷王子
（大家都这么叫他），
虽然
听不太清，
但是这个
感觉……
不像是
要决斗！
扑通
扑通
不得了，
妮可
被王子……
风子！
惊
啊！

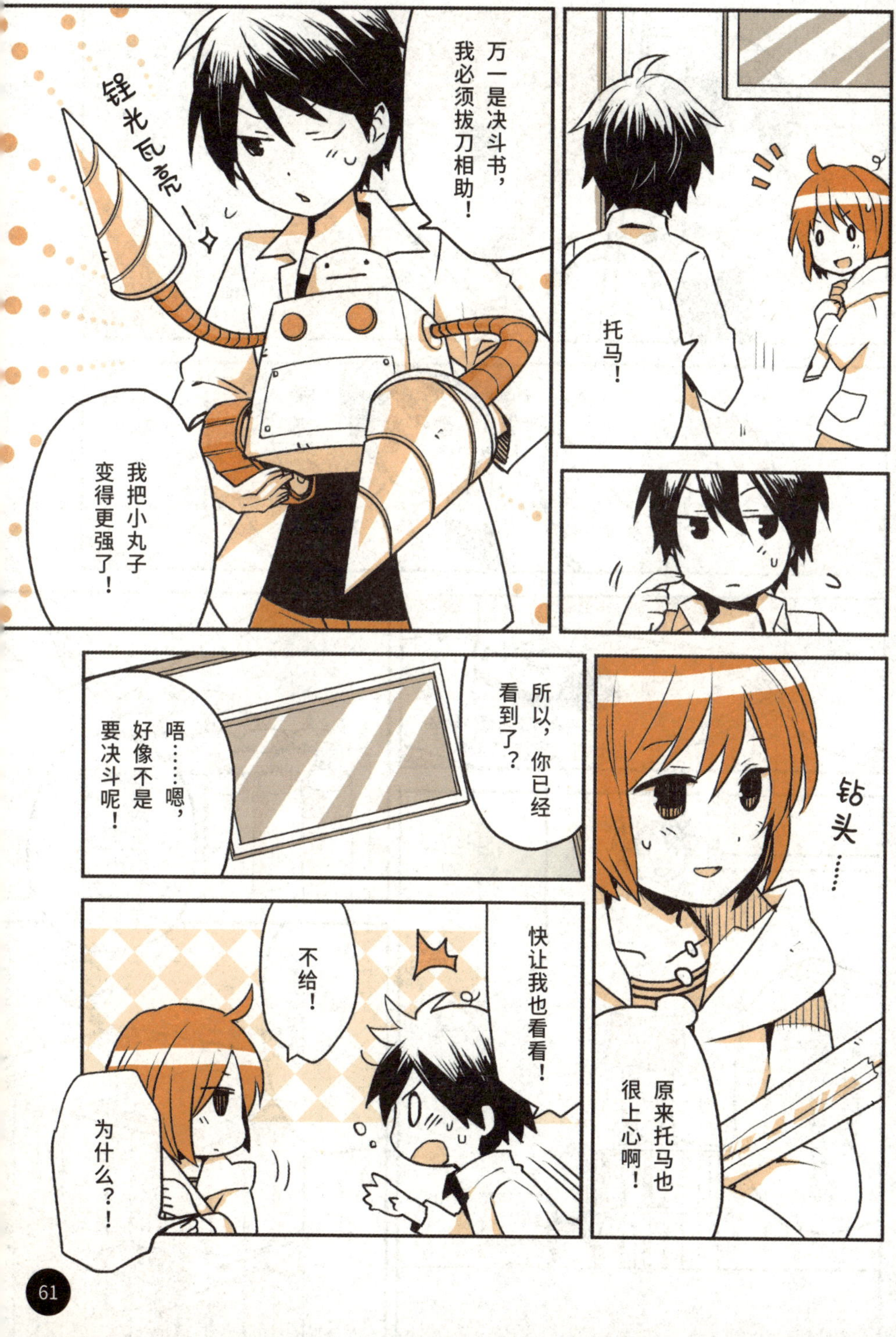

托马！
万一是决斗书，我必须拔刀相助！
铿光瓦亮——！
我把小丸子变得更强了！
钻头……
原来托马也很上心啊！
所以，你已经看到了？
唔……嗯，好像不是要决斗呢！
快让我也看看！
不给！
为什么？！

你对妮可说了很过分的话，如果你不发誓向她道歉，
哼！
我就不借给你！
这！
算了！我自己想办法解决！
翻来翻去
?
把纸筒并列排放并粘在一起，再把木板架在上面。
嘿！
* 必须垂直于木板轻轻站上去，否则会很危险。
像这样搭两层……然后……
托马！危险！
没事的！纸筒立起来的时候承载力相当大！

而且很多纸筒集中在一起时，承受的力就会被分散掉。
一张B7大小的纸做成的纸筒大约能承重 1kg。纸筒越高，承载力越小。
——这，啊！
他们在说什么？
妮可好像很不高兴！
看来大事不妙！
小丸子，上！
哇啊？！
嗡嗡嗡嗡——
嗡——
啊！什么？！小丸子？！
嗡——

托马！
哔咚
啊！
* 如果不垂直站立会非常危险！
咣当！
咯吱
哎哟
咯吱
啊！
托马？风子？
不会倒立？让妮可教？
下堂体育课就要做了，我不想在女生们面前出丑，
所以就来找妮可，让她在楼顶上帮我特训。
老师，拜托您了！
我也是女生啊……
尴尬—
为什么要用密码把妮可叫来啊？

不这样的话，妮可是不会来的吧？
确实……
果然很懂妮可的心思！
什么嘛……
再抬高点儿
看到我被逼无奈，你是不是想来帮我一把？
……
还特意改造了小丸子
捅
捅
妮可，
刚才对不起，
看来还是有那么几个人欣赏你的优势技能的。
什么叫『有那么几个』？！
你给我说清楚——！
哇—
快跑—
他们两个关系还是很好的！
啊哈哈

做一做 ②

风子的潜望镜

编辑：野吕茂树

需要准备的物品

- 小镜子 2 面
- 手工用纸
- 工具类：胶带、双面胶、裁纸刀、剪刀 等

▶制作“风子的潜望镜”所需的等大图纸可扫码封底二维码领取。

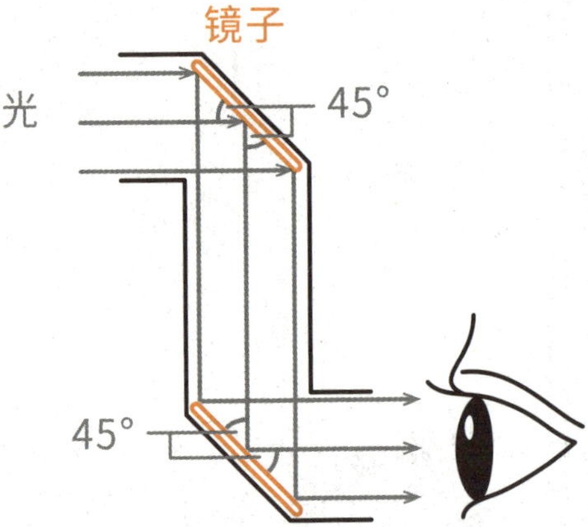

这是风子为了偷看楼顶状况而制作的潜望镜。其中用到了第 34~35 页介绍的“光的性质”的相关知识。

请看上图。从纸筒上端开口进入的光线以 45°角照在了镜子上，经过反射，在纸筒内部前进。到达下方的镜子后，光线又以 45°角被反射，最终到达了目视口。潜水艇里的潜望镜用的也是这个原理。如果把上端的开口朝向同目视口一致的方向，还能做出拥有后视功能的潜望镜，只不过我们最终看到的画面是颠倒的。

1

参考第 68~69 页的潜望镜平面图 A 和潜望镜平面图 B，结合小镜子的尺寸，在手工用纸上画出平面图。纸筒的长度可以根据个人喜好来定。你可以把几张手工用纸粘在一起，做一个长长的潜望镜。

2

从手工用纸上把平面图 A 和平面图 B 裁剪下来。给平面图 A 粘上小镜子，然后拼装成右图的样子。我们一共需要 2 个这样的装置。

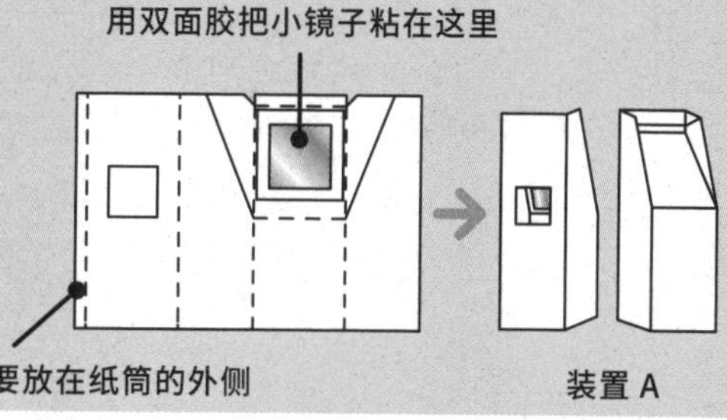
用双面胶把小镜子粘在这里
粘贴时，这条边要放在纸筒的外侧
装置 A

3

把平面图 B 也拼装起来。

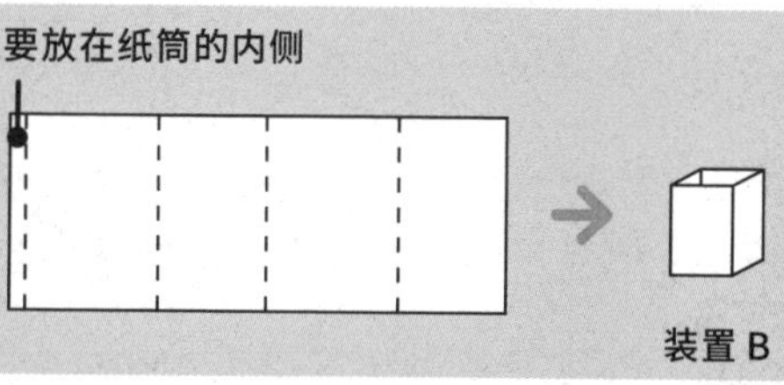
粘贴时，这条边要放在纸筒的内侧
装置 B

看到了！
!

4

把 2 个装置 A 和 1 个装置 B 组装起来就大功告成了！镜子的朝向有“前”和“后”两种，你可以根据需要自由变换。

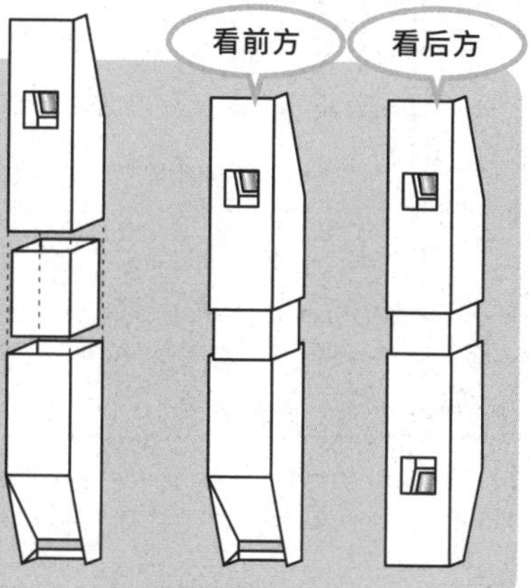
看前方
看后方

潜望镜平面图 A

*此处尺寸仅适用于 80mm×80mm 的小镜子。你可以根据镜子的大小，自行调整尺寸。

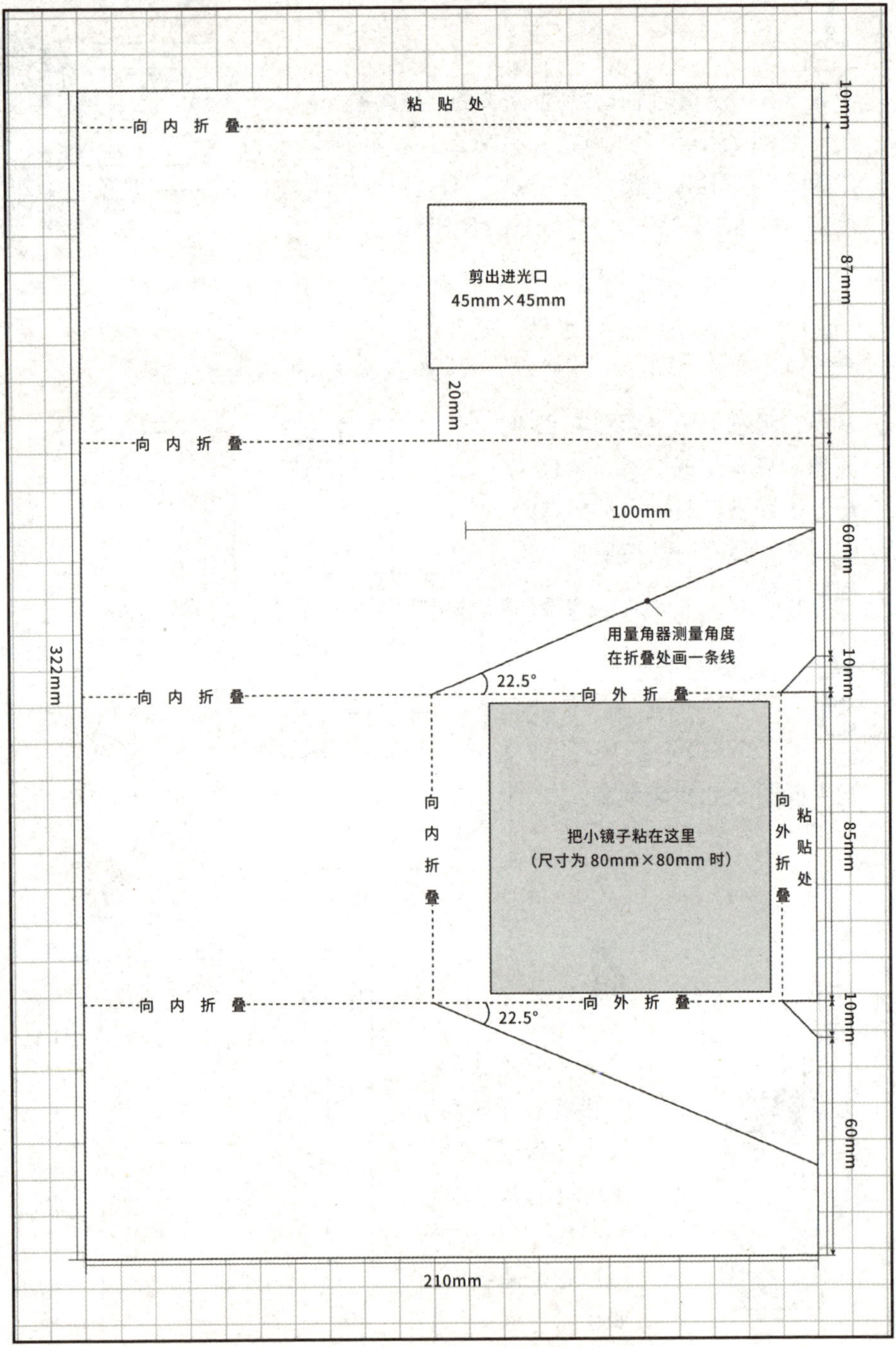
粘 贴 处
向 内 折 叠
剪出进光口
45mm×45mm
20mm
向 内 折 叠
100mm
用量角器测量角度
在折叠处画一条线
22.5°
向 内 折 叠
向 外 折 叠
把小镜子粘在这里
（尺寸为 80mm×80mm 时）
向内折叠
向外折叠
粘贴处
向 内 折 叠
向 外 折 叠
22.5°
10mm
87mm
60mm
10mm
85mm
10mm
60mm
322mm
210mm

潜望镜平面图 B

你可以根据镜子的大小，
自行调整尺寸。

扫码，回复“161507”，
可得原大尺寸图。

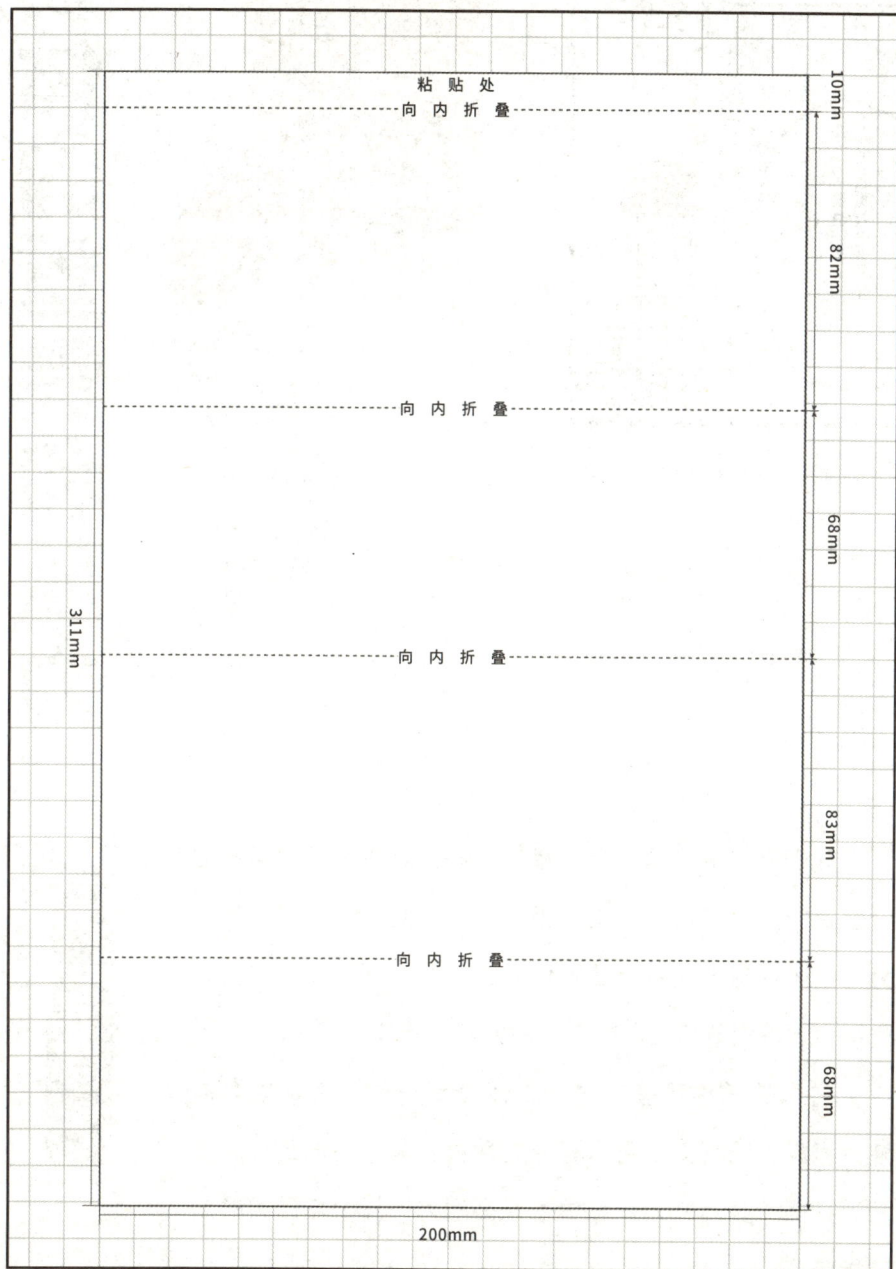

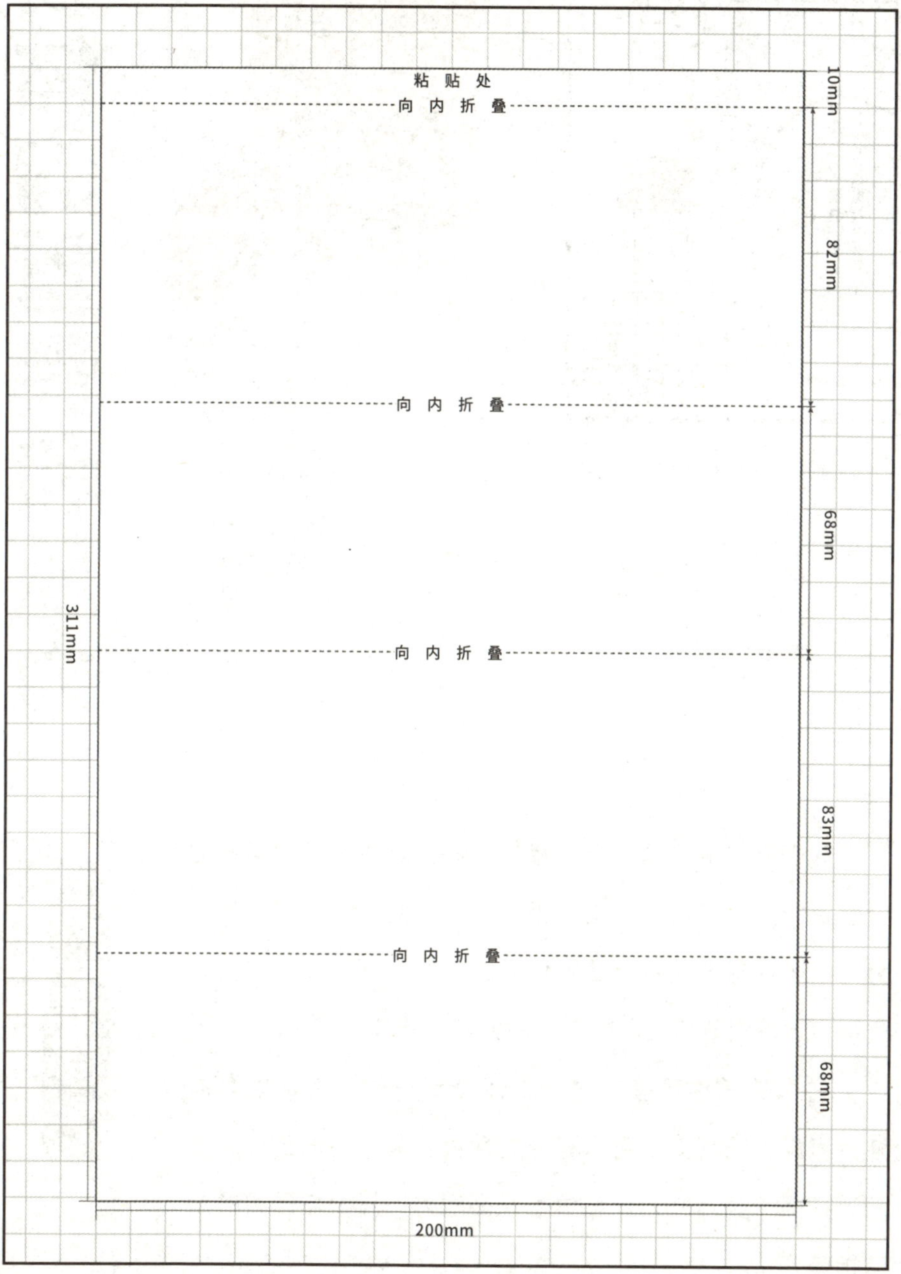

粘 贴 处
向 内 折 叠
10mm
82mm
68mm
83mm
68mm
311mm
200mm

物体的重量和压力

学习课题

『力、压力与压强』

没事的！
纸筒立起来的时候
承载力相当大！

托马站上纸筒台子时，我吓了一大跳。薄薄的纸筒为什么没有被压扁呢？

我们身边的物体都有质量。我们托起质量不同的物体会感觉所用的力不同。这是因为质量不同的物体所受的**重力**（由于地球的吸引而使物体受到的力）不同，抵抗不同的重力，就需要用相应的向上的力托住物体。

物体被托住且静止时，物体受到垂直向下的**重力**以及垂直向上的**托力**，**重力与托力数值相等**；物体与托面接触，托面给物体**托力**，物体给托面**压力**，**托力与压力的数值相等**。

体重计上的质量读数与所受压力

30kg 的人的重力　　向下的压力相当于30kg 的人的重力

两种情况下，体重计作用于物体的向上的托力相同。

30kg 的人站在体重计上，人对于体重计的压力与 30kg 质量物体所受重力数值相同。如果用手使出相当于此重力的压力去压体重计，体重计上也会显示出“30kg”的数值（如左图所示）。

托马所站的纸筒台子为什么不会塌？托马的体重大约为 30kg，相当于质量为 30kg 的物体压在所有的纸筒上。这时，每一个纸筒承载了多少力？这和物体与纸筒的接触面积有关。

如左下方图所示，当物体被放置在柔软的垫子上，同样是 30kg 的物体，只要接触面积变大，坐垫上形成的凹陷就会变小。单位面积上承载的压力叫作“压强”。相同压力下，接触面积越大，压强也就越小。当我们把很多纸筒并列排放，并在上面架上木板，压力就会被分散到木板的大面积上，每一个纸筒承载的压强也就变小了。

需要注意的是，压力要垂直向下施加，否则台子就很容易倒塌。如果你仔细观察前面的漫画，会发现托马是一边让小丸子扶着木板，以抵抗水平方向的力，一边踩着小丸子垂直地轻轻登上台子的。

压力与压强

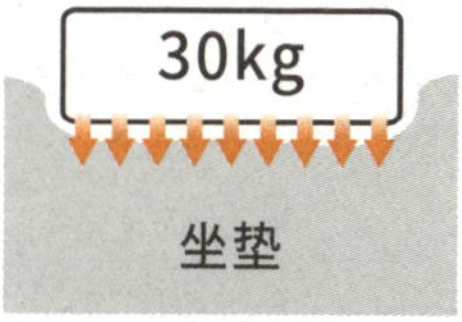

压强小

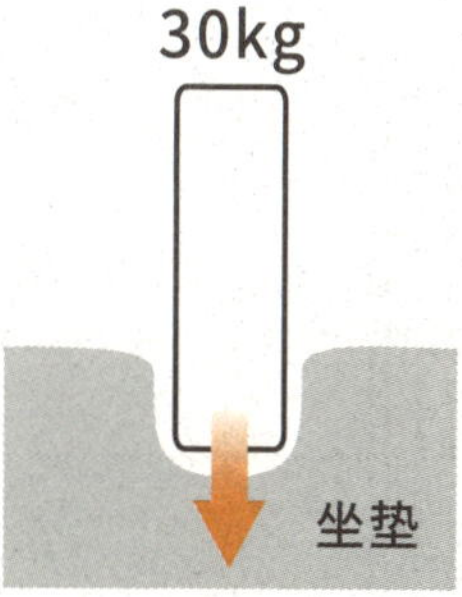

压强大

做一做

3

不会被刺穿的布丁

需要准备的物品

- 牙签 1 捆
- 布丁 1 个
  （包装底部有开口，以便于取出）
- 橡皮筋 1 根

让我们用托马做纸筒台子的原理，做一个分散重量（压力）的神奇实验！

如果用牙签去戳柔软的布丁，肯定会把布丁刺穿，没错吧？那么，如果把很多根牙签绑成一捆，结果会怎么样呢？布丁的重量会被分散到许多根牙签的尖端。这样一来，布丁不但不会被刺穿，还能立在牙签上面！

1

用一根牙签戳布丁试试看，布丁会被刺穿。

2

把许多根牙签尖端朝上，用橡皮筋绑成一捆固定住。

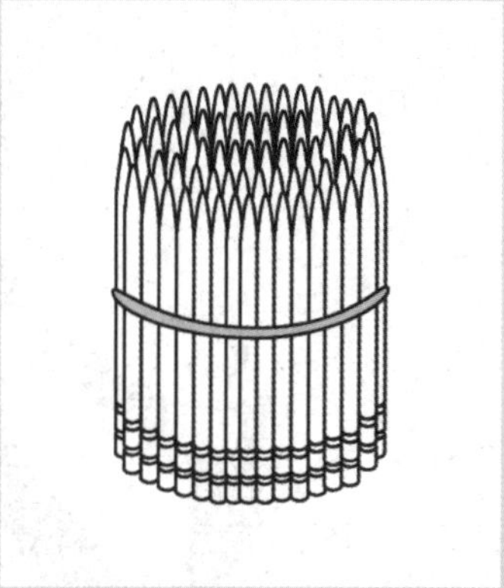

3

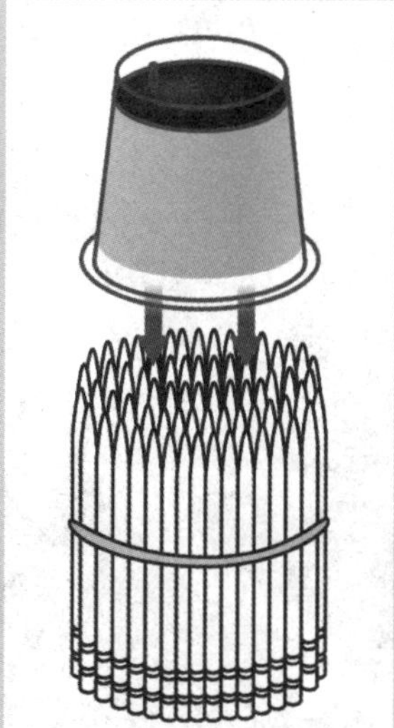

从包装盒中取出布丁，轻轻放在这捆牙签上。

用这个原理，我们还可以把用瓦楞纸做的纸筒绑成一捆，做一个台子或者小凳子。

事件 3 为小凛留下与科学有关的回忆

嗒嗒嗒嗒嗒嗒嗒
放学后科学探险队是在这里吗？
请教我变魔术！
咔
咦？
砰
我们是放学后科学探险队，
正在理科准备室里当侦探！

放学后科学探险队
如有需要
放学后
请到理科准备室
传单
这个传单是你们的吧？
……嗯，这倒是！
我们的意思是，如果需要侦探的话，可以来这里找我们。
侦探不就是要帮助遇到困难的人吗？
请你们帮帮我！
唔——
怎么感觉不是在当侦探，而是在包揽各种业务？
没关系嘛——反正也没有别的案子，我们清闲得很！
求求你们了!!
我是四年级（2）班的角田大树。
我和我们班的小凛是好朋友，小凛马上就要转学去北海道了，

所以我们决定为她开一个欢送会。
我想在欢送会上做一件能让小凛印象深刻的事。
也就是变魔术？
我想给小凛一个惊喜！
拜托了！有什么好点子吗？
唔——你说的魔术，
应该就是用纸牌或者硬币变的那种吧？
哇！风子好厉害！
不会掉的铅笔—
可是，我们放学后科学探险队向来都是用科学解决问题的，所以……

翻来
翻去
稍等一下！
简单一点的话，这个怎么样？
满满一杯
把明信片（厚纸片）放在装满水的杯子上，
啊
就算把杯子倒过来，水也不会洒！
这是个科学魔术！
接下来，我用锥子在明信片上戳很多小孔，再重复刚才的动作……
啊！
噗
噗
噗
再把杯子倒过来，水还是不会洒！
什么？！
怎么会？！

为什么？！
为什么会这样？
对于这个杯子来说，
空气的压力
水的重力
空气的压力和水的重力达成了平衡，所以明信片不会掉下来。
平时可能不会有人注意到我们正在被周围的空气挤压着，
挤
挤
空气
空气
空气
空气
挤
挤
挤
挤
就像是游泳池的底部被水紧紧压着一样。
在纸上戳出小孔也没事是因为水分子之间存在一种叫作『表面张力』的力，
水
水分子们会聚集到一起把小孔填上。
水分子
水分子
水分子
咦——
另外……

轻轻……
咦？！
等等！这已经不是表面张力的问题了！
水完全浮在空中了！
嘿嘿！
其实我刚才在杯子上做了手脚，
摸摸看！
弹
啊……

这里有东西！
弹弹
我把绷紧的丝袜用胶水粘在上面了。
这样一来，看起来像是一个普通的杯子倒立着，但其实……大家一定会很震惊的！
仔细看的话，丝袜会被发现，想办法蒙混过去就好啦！
哇……
真厉害呀！谢谢你们！
这个魔术一定能给小凛一个惊喜！
谢谢啦！

欢送会当天
白石凛同学欢送会
在楼道里候场
另一间教室
自习中
翻去
翻来
忐忑不安
大树没问题的吧……
嘿嘿嘿……
微笑
扑通
扑通……

锵
锵!!
小丸子登场!
小声
快去吧!
它正在用手机直播!
去吧——
咦?
什么情况……
怎么回事?
惊

啊！是放学后科学探险队……
我本来想做个新的，但是马上就要上场了……
粘好的丝袜松开了！
接下来有请小凛的好朋友大树为我们带来魔术表演！
啊……
老师！我肚子疼，我要去医务室！
我也是！
啊？
喂！
老师
噔噔噔噔噔噔噔

!
大树！
我来教你一个立刻就能展示的魔术！
呼哧
呼哧
呼哧
呼哧
碗底有双面胶、把它粘在桌子上，然后用手摩擦边缘，
像这样！
啾
啾
啾
金属碗
哗
啦
进去吧！
呱唧
呱唧
呱唧
呱唧
呱唧
在金属碗里放入水，再摩擦碗的边缘……

解谜线索

揭开魔术背后的秘密！

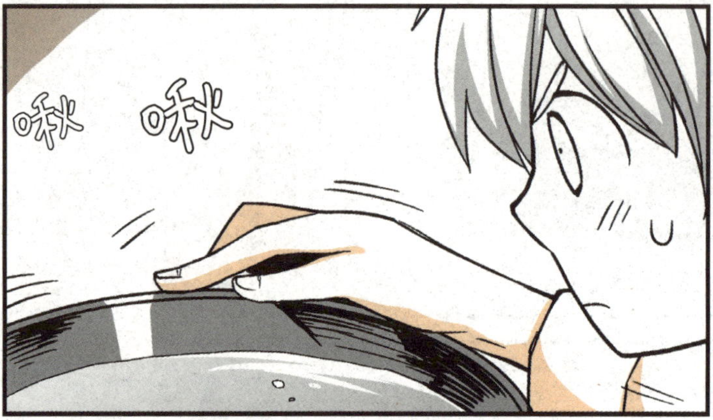

由于事出紧急，
我用理科实验室里现有的东西，
教了大树一个立刻就能展示的魔术。
这个魔术的原理有点儿复杂，
让我多给你一些提示！

关键提示

- 摩擦碗边时会发出“啾啾”的响声。
- 水遇到声音后会怎么样呢？

线索原来是摩擦碗边时发出的声音！
声音，就是在空气中传播的振动。
哦对，那个时候……

复习一下

咦？为什么
只有那个盒子
在振动？

邦！

声音是看不见的，却能通过在空气中传播，被我们耳朵里的鼓膜捕捉，让我们听到。

第 32 页里馆山博士做的神秘盒子，就用到了声音振动的原理。

只要在钢琴上长按几次"mi"键，盒子里的共振板就会与琴声产生共振，于是盒子就"噼里啪啦"地振动起来了。

摩擦碗边时产生的振动会沿着金属传到水里……

和馆山博士做的盒子原理一样！大家已经猜到答案了吧？

你是说，水会像那个盒子一样？

如果已经猜到了，那么请你再好好想一想，水会变成什么样子呢？

迷题的答案就在后面的故事里！

在金属碗里倒入水，
啾
啾
啾
然后用手摩擦它的边缘……
吱
吱
吱
吱
哗啦
哗啦
哗啦
哗啦
怎么回事？有4个地方在冒水花！
为什么会这样？
团团围住
哇！
哗啦
哗啦
哗啦
哗啦
哗啦

叽叽喳喳
大树好厉害！
这是为什么呀？
叽叽喳喳
呃——
唔……
这个嘛……
我来解释！
咔
我叫小丸子，是大树同学的机器人助手。
哇！机器人？！

啾
啾
用力摩擦碗边时，碗会产生振动。
所有物体都有它的『固有振动』，是较易发生的。
水分子
只要掌握了技巧用勺子也能敲出水花！
哇——
当
当
水分子
Piu~
于是，水花就冒出来啦！
振动传到水中，水分子会有剧烈振动和几乎不动这两种情况。
水分子
水分子
水分子
水分子
水分子
水分子
水分子
水分子
水分子
水分子
水分子

还有一个有趣的『水』魔术！
什么！
我怎么不知道
咦？怎么回事，有两个水面！
就请今天的主角来摸一摸吧！
白石凛
把手指伸进去试试！
碰
啊……能摸到！
这是……贝壳？

大树，水为什么不会流出来呢？
灵光一闪
啊！因为……空气是有压力的！
水面被看不见的空气压着？
所以不会流出来……
哇……大树真厉害呀！
？
制作方法
在塑料瓶上画出印记，使其凹陷，再用橡皮等不吸水的物体作为支架，固定瓶子的形状。
用胶带把线绳粘在盖子内侧，使其自然下垂，然后把线绳的另一端用胶带粘在贝壳上。
在水中拧上盖子，然后水平地取出塑料瓶。

这个贝壳……
是夏天课外活动的时候，大家一起捡的……
呱叽
虽然隔着水，但只要伸出手去就能抓到贝壳。
就像虽然你要去北海道，但我们一定还会再见面。这就是大树想要告诉你的！
大树……
呱叽
小凛居然是女孩子？
嘿嘿嘿
接……接下来，我还想再变一个魔术！
妮可，还有一个吗？我怎么没听说？
你看着就好啦！
请大家把窗帘拉上！
小凛，闭上眼睛！
嗯……好的！

这是我想对小凛说的话，
大家不要告诉她呀！
我把它放进这个黑色玻璃纸做的信封里，
沙沙
小凛，可以睁开眼睛了！
这个黑色的信封不会透光，
手电筒
大家可以凑近检查一下！
是的，什么也看不见！
下面我要请小凛把这里面的话读出来！
我？

小凛，用手机给信封拍张照。
咔嚓
啊……看到了！
哇——真的耶！在手机上能看到！
咦？为什么？
明明是不透光的！
这个信封是用红、蓝、绿3种颜色的玻璃纸做成的。
我们用肉眼看到的光也是由红、蓝、绿3种颜色组成的，它们全都被黑色玻璃纸遮住了。

但是，手电筒除了能发出可见光，
还能发出一种叫『红外线』的不可见光，这种光用手机可以拍出来。
我会给你发邮件的
大树！
转学之后，我也一定会给你发邮件的！
嗯，说好了啊！
呱叽
呱叽
呱叽
呱叽
呱叽
白石凛同学
那么最后，让我们来合影留念——
丁零
咣啷
啊……等一下！

啪叽
咦？为什么还要关灯？
魔术已经结束了呀！
别多嘴！就这样，不开闪光灯，先用我的相机拍一张！
到时候用邮件发给你！
嗯……？
理科准备室
妮可，最后那个红外线的魔术你为什么不告诉我？
咕嘟
咕嘟
其实你不在的时候，大树又来过一次，
说他有话想要对好朋友说。

有话想说？
刚才说过，红外线可以用手机拍出来，
那么，只要延长一点相机的曝光时间……
啊——就可以拍出一个简单的图形。
所以……他想说的话究竟是什么啊？
托马是不会明白的——
就是！
有些事情，到了要分别的时候才第一次发现……
对好朋友坦白不舍的心情，也不是一件很容易的事情呢——
白石

了解水的性质

咦？怎么回事？
有两个水面！

我们可以用水变很多的魔术。那么，水具有怎样的性质呢？

学习课题『空气和水的性质』

我们身边有许许多多的水。水龙头里流出来的水、江河湖海中的水……我们身体的 70% 都是水。

现在，请你试着想象一个肉眼看不到的微观世界，这可能会有点儿难。在那里，所有物质由一种叫作“原子”的小颗粒组成。而水，是由两个氢原子和一个氧原子结合而成的。这种由几个原子结合而成的颗粒，就叫作“分子”。

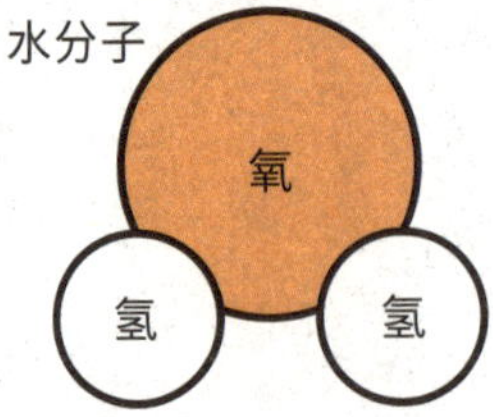
水分子
氧
氢
氢

举个例子，装在塑料瓶里的水，就是大量水分子的集合。水分子的运动相对自由，因此水可以根据容器的不同填充为各种形状。

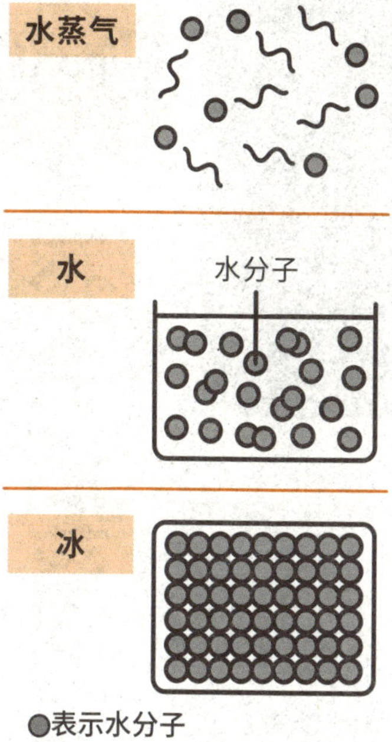

如果给水加热，水分子就不会继续“挤”在一起，而是会变成水蒸气跑到空气中去，我们也就看不见它们了。反之，如果给水制冷，水分子就会停止自由活动，凝结成冰。如果你能想象出水分子的这 3 种形态，理解水的性质就变得容易多了。

水和其他的物体一样具有质量，受到地球的重力作用。在水中下潜得越深，就会感到有越多的水压在身上，水的压强也就越大。

在第 71 页，我们学习了什么是压力与压强。水在受到挤压时产生压力。在水中下潜得越深，压强越大。所以，深海潜水艇必须做得十分坚固。

水枪就是利用水的压强制作的玩具。玩水枪时，我们不需要潜入深水，只需用力一推，水枪喷口处的压强就会增大，水也就喷射出来了。

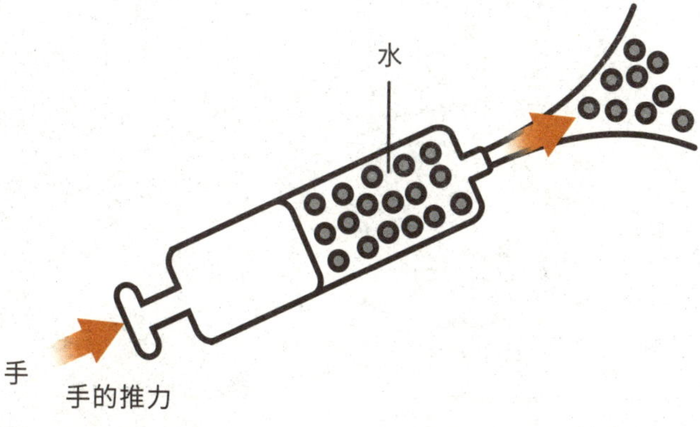

做一做 4 不会洒落的水

需要准备的物品

- 透明塑料瓶 几个
- 打孔用具（图钉、大头针等）

注意 使用图钉、大头针等用具时要注意安全。

妮可教给大树的魔术“不会洒落的水”，其背后的原理和第 71 页介绍的压力有关。

我们身边的空气也有质量，也受到地球的重力作用。我们的身体和周围的事物，都无时无刻不在承受着来自四面八方的空气的压力。杯口的明信片受到了向上的空气压力，这个力与向下的水的压力达成了平衡，因此水才不会洒落出来。

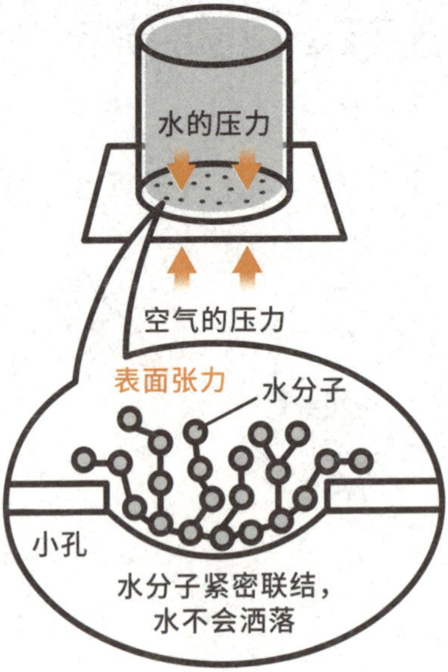
水的压力
空气的压力
表面张力
水分子
小孔
水分子紧密联结，
水不会洒落

在明信片上扎出小孔后，水依然不会洒落。这是因为水分子间有一种“表面张力”，这种力可以让它们紧密联结在一起。接下来，让我们通过另一个实验验证空气的压力和表面张力的存在。

1

在塑料瓶里装入水，盖上瓶盖。然后在瓶子下方打出一个直径为几毫米的孔。虽然打了孔，但水分子依然会在表面张力的作用下紧密联结，水不会流出来。这时，水向外挤的压力与把水向内挤的空气的压力达成了平衡。

2

如果在同一高度，打几个同样大小的孔，会发生什么呢？

如果孔的大小相同，无论打多少个，水都不会流出来。因为每一个小孔处的水的压力和空气的压力都是平衡的。

3

如果把孔打得大一些，会发生什么呢？

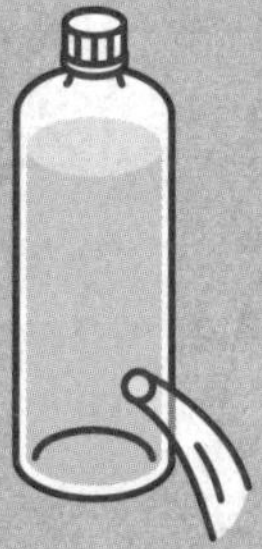

孔的尺寸达到一定大小后，水就会流出来。因为孔上方的水的压力比下方的压力小，这个压力差让空气趁机进入，内外压力不平衡了，水就流出来了。

4

如果在不同的高度打孔，会发生什么呢？

水会从下方的孔流出来，空气会从上方的孔钻进去。下方水的压强更大，所以水会喷射更远。

事件 4 放学后的密室事件

晴朗又寒冷的一天，
事情发生在放学后。
咻……
啊——
冻死了冻死了！
明明已经春天了，
怎么还是这么冷！
瑟瑟
发抖
大家还没到吗？
14:05
对了，
可以做那个试试看……
铁粉……
活性炭，
还有……
食盐！

把它们放进烧杯，搅拌均匀。
食盐
铁粉
再装进茶包里，暖手宝就做好啦！
哈—
真暖和……
这其实和外面卖的发热暖贴原理相同，
发热暖贴
利用的是铁被氧化成氧化铁时放出的热量。
活性炭的表面吸附着很多的氧，可以加快铁的氧化。
发热暖贴刚打开时可以被磁铁吸起来，等到发热完变硬了之后就不能被吸起来了。
明白了吗，小丸子？
挥手

昨天直到半夜都还在改造小丸子，让我再确认一下功能……
挥手
啊！
活性炭的瓶子！
呜啊！
啊！
14:20
甩
甩
甩
这下糟了……

粉末太细了，用扫帚扫不干净……
！
不知道有没有那个……
翻来翻去
哈！找到了！
食盐
面粉
到理科实验室去做吧……
把面粉倒进大碗里，
再一点点地加入食盐水。
14:30

揉成一个面团，
然后休息1小时左右。
回准备室喽！
好冷！
发抖
这个暗室，
以前好像是用来冲洗照片的。
咔嚓
这里面好暗，正好可以睡个午觉，
毕竟我昨天熬夜改造小丸子来着。
嘶—— 嘶——
呼……
15:00
15:30
抱歉，开会拖了些时间。
我也是！

小丸子？
桌子危险
请来理科实验室
托马
哇！好黑！
他把活性炭弄洒了吧！
实验室里放着面粉和盐。
难道是要做面条？
面粉
食盐
放到
15 : 40
是那个！
啊哈
？

已经15：45了，我们把面筋拿出来吧！
啊！
面团放置1小时以上就可以了。
可是……这样不太好吧……
面筋？
面筋！
面粉口香糖
？
*译者注："筋"的日语读音和"口香糖"相似，所以会产生这种联想。
哗
像这样用水冲洗面团，
水会变白对吧？
这说明淀粉正在析出。
再揉搓面团几下。
哗
揉
揉
揉
揉
揉
揉
16:00
哇……变小了不少呢……

摸摸看？
戳戳
像是弹弹的橡胶一样……
面粉里有一种叫麸质蛋白的蛋白质，遇到盐以后它的弹性会增强。
麸质蛋白
淀粉
冲掉多余的淀粉后，面团中麸质蛋白的比例会增大。
这就是面筋啦！
要不要尝一口？
惊
还能吃啊？
嚼嚼
嗯
嚼起来真的像是口香糖……
但是……好难吃……
因为它基本上没味道。
据说古人们就是拿面筋当作口香糖的。

我们回准备室吧！
16:10
用这个面筋把这些粉末粘起来……
粘
粘
粘
像粘鸟胶*一样……
面筋烤熟之后就会变成麸，再涂上蜂蜜，就是麸点心啦！
哇！变黑了！
但是桌子干净啦！
大概是因为粉末太细，所以托马想到了这个清理方法。
那么……

*译者注：粘鸟胶也叫鸟胶或鸟石灰，是一种用于诱捕鸟类的黏性物质。

你的主人到哪里去了呢？
ZZZZZ
呀！
16:20
妮可和风子的声音？
啊……我好像睡着了！
怎么这么热……
卡嚓
咦？
卡嚓卡嚓
什么！

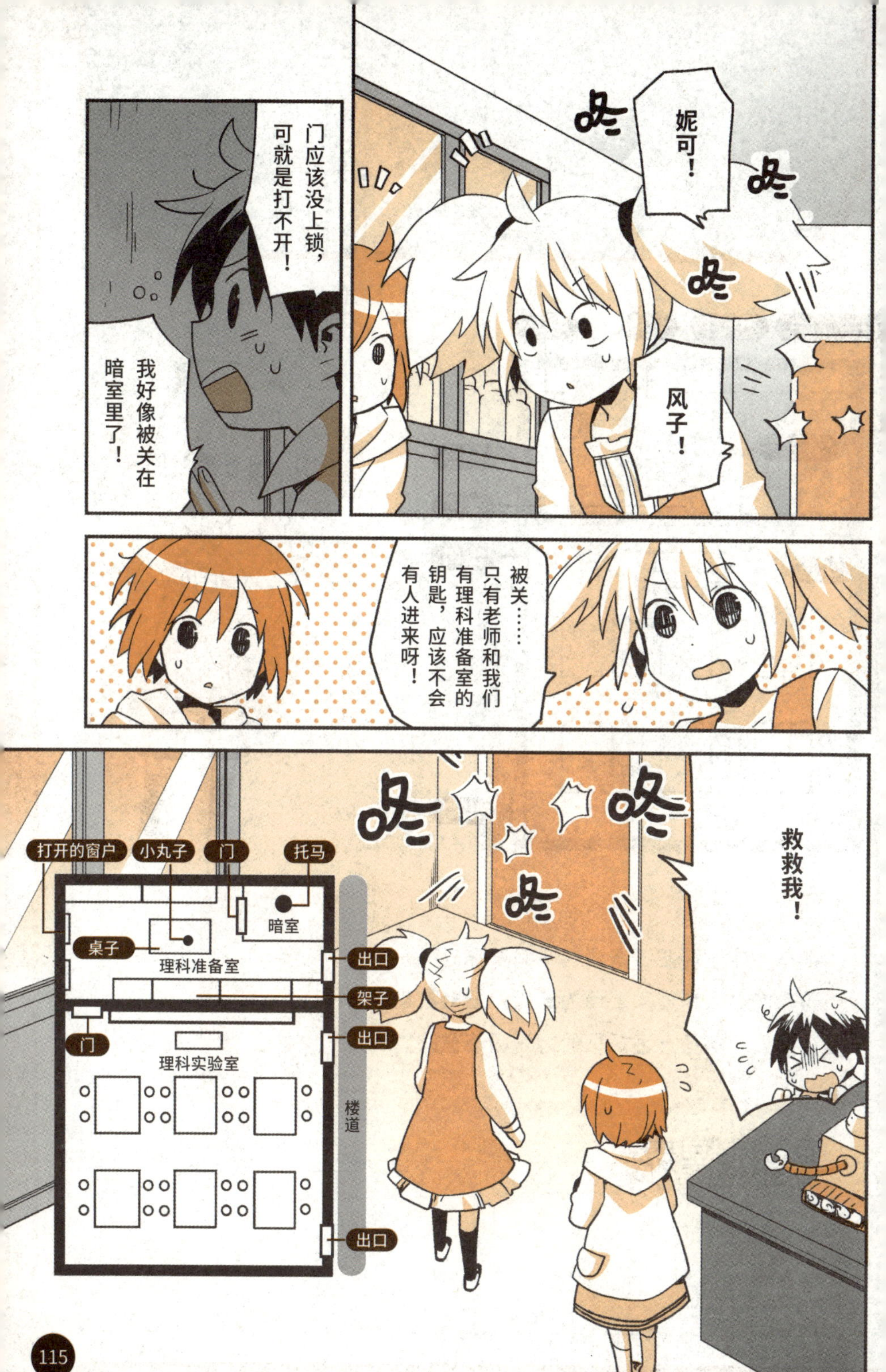
咚
妮可！
咚
咚
风子！
门应该没上锁，可就是打不开！
我好像被关在暗室里了！
被关……只有老师和我们有理科准备室的钥匙，应该不会有人进来呀！
咚
咚
咚
救救我！
打开的窗户
小丸子
门
托马
暗室
桌子
理科准备室
出口
架子
门
出口
理科实验室
楼道
出口

解谜线索

调查密室的真相！

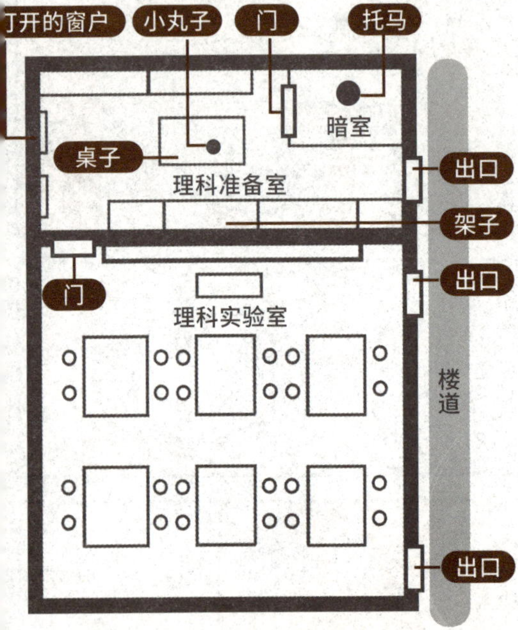

托马不应该随便到奇怪的房间里睡觉……

但当务之急是查清事情的真相，把他救出来！

让我们再梳理一遍托马的行为和暗室的情况。

关键提示

- 暗室里很热。
- 门没有上锁，但是打不开。

我进去的时候，门是可以正常打开的。为什么睡醒之后就打不开了呢？让我们再回顾一下可能成为线索的关键画面。

线索就在其中！

为了掸掉活性炭，打开了窗户。

大家还没到吗？

托马进入理科准备室。
这一天好像很冷。

这里面好暗，正好可以睡个午觉，
毕竟我昨天熬夜改造小丸子来着。

进入暗室休息。
外面传来了“嘶——嘶——”的声音……

怎么这么热……

托马睡醒了。
暗室里很热。

外面很冷，暗室里却很热。

原来暗室里充满了热空气！所以“锁门者”是……

咦？！真的有“锁门者”？

哈哈，是眼睛看不到的“锁门者”。

谜题的答案就在后面的故事里！

我好像被锁在里面了！
救救我！
来吧！让我们把制造密室的『锁门者』找出来！
难道不先救救我吗……
你好像暂时没什么危险吧？
就是有点儿累……
呃……
打开的窗户
小丸子
门
托马
暗室
桌子
理科准备室
出口
架子
门
出口
理科实验室
楼道
出口
『锁门者』……
风子，有没有发现可疑的物品？

好像没有什么可疑的地方……
唔……
托马，有没有人和你产生过矛盾？
没有啦！
不可能是妮可啊！
帮我开一下门呀！
这里面太热了！
小丸子，你知道谁是『锁门者』吗？
有了！
背面
我昨天给小丸子增加了新功能！

闪亮登场
红外线摄像机！
我给它安装了运动传感器，用于追踪移动的物体。
『锁门者』应该也被录进去了！
只要连接手机就能看到！
！
先等一下，这个房间里好冷啊……
窗户！快把窗户关上！
暖气也打开！
哔
14:25
托马去理科实验室做面筋了……

14:38
啊！录像中断了！
14:40
托马回理科准备室了。
中断期间，好像没人进来过。
啊，他进暗室了。
嘶 嘶
呼……
好像……从刚才开始就有一个奇怪的声音……？
录像又中断了……在这之后……
紧张……
来了！

15:30
……这不是我们吗！
难道说，是在我们去理科实验室的时候？
16:02
啊！是这个！
……小鸟……
原来是麻雀呀……

16:10
啊！我们回来了……
之后我们一直待在这个房间里……
所以……
『锁门者』是麻雀？
红外线摄像机……
是通过感知温度形成影像的……
夜行性的蛇都有一个能感知红外线的器官——『颊窝』，它们就是靠这个器官来觅食的。
原来蛇眼中的世界就是这个样子啊！
蛇？

所以就算蒙住蛇的眼睛，它还是能捕到面前的温热物体。
不过，像毒蛇、蟒蛇之类的，还是靠气味觅食的比较多见。
晃
装有温水的气球
晃
所以……
就算是在黑暗中也会被蛇发现喽！
你对动物好了解啊！
我很喜欢生物……
嘻嘻……
蛇不会叫，有些还可以饲养！
比如说玉米蛇
对！有的蛇会发出嘶——嘶——的声音。
那不是它们的叫声，而是尾巴发出的响声。
啊——
我可能养不了

……
口袋里好像有手电筒……
嘶——
惊
嘶——嘶——
嗯？
嘶
嘶
啪
啊啊！
嘟！！
有蛇！有蛇！

……欸？
我出来了？
啊，真的有蛇……
暗室里好热……
这里开着电暖器呢！
我明白了！
『锁门者』可能是气压差……
蛇……

为了不让光透进来，暗室是完全密闭的，里面还充满了热空气。
热空气
哗啦哗啦
托马打开理科准备室的窗户。准备室与外部空气交换，且温度进一步下降。
哗哗
然后，托马很快进入暗室关上了门。
密闭环境，温度越高，气压越高，施加在门上的压力越大。
暗室
开放环境，气压低，施加在门上的压力小。
窗
开门方向→
两个房间之间形成了压力差，于是门就打不开了。
现在理科准备室也是密闭环境，并且变暖和了，气压上升，托马就能出来啦！
啊——从浴室出来的时候，门很难打开也是同样的原因。
罐头的制作也用到了这个原理。
看来空气的力量也不容小觑啊！
暗室里那么热，你都没感觉吗？
因为刚睡醒嘛，我也吓了一跳！

可是为什么会有蛇呢？
啊……你们进暗室了呀！
老师！
我想在观察课上给大家展示我养的蛇，就把它带过来了。
那也别不打招呼就放在那儿啊！
它需要生活在温暖的地方，所以我打开了电暖器。
很可爱吧～
扭来扭去
啊！
别——别让我看见它！
你好呀
……好可爱……
啊——
!!

物体的温度和体积

学习课题

『温度和体积』『热的传导方式』

窗
开放环境，
气压低，
施加在门上
的压力小。
密闭环境，
温度越高，
气压越高，
施加在
门上的
压力
越大。
开门方向→

把托马困在密室里的“锁门者”是气压差……
可是，为什么充满热空气的房间里气压会升高呢？

空气受热后会膨胀，反过来，遇冷后会收缩。

在第 100 页中，我们学习了水是由“分子”这种微粒聚集而成的。其实，空气也是由氧气分子、氮气分子等聚集而成的。空气受热后，分子会像下图那样在很大的范围内剧烈运动，因此空气会发生膨胀。

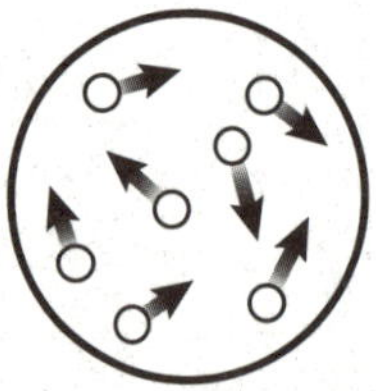

温度低时，空气中的分子缓慢运动

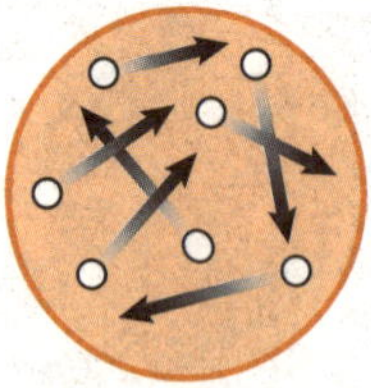

受热之后，空气中的分子剧烈运动，空气体积膨胀

除了空气，水和金属也具有同样的性质，即受热后会膨胀。金属的膨胀或许很难想象，不过，你可以试着观察一下铁轨。如果是在寒冷的冬天，铁轨的连接处应该能看到缝隙。而如果是在炎热的夏天，铁轨会受热膨胀，连接处的缝隙会变得很小（见下图）。正因为考虑到温度对铁轨体积的影响，人们才会在每段铁轨的连接处留出一个缝隙。

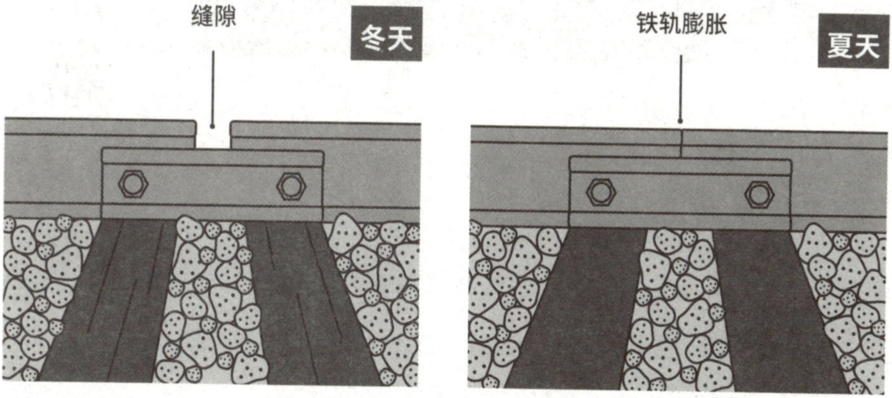

下面让我们说回托马被困的暗室。暗室处于密闭状态，当空气被暖气加热而膨胀时，空气施加在门上的压力（气压）会逐渐增大。室内空气挤压门的力增大了，门也就无法被轻易拉开了。于是，托马就误以为自己是被什么人关起来了。

另外，空气受热膨胀，同时意味着密度减小，即变轻。变轻的空气会向上浮，热气球就是利用这个原理制作出来的。人们可以通过给热气球里的空气加热或降温，控制热气球的上下移动。

做一做 5

压扁的易拉罐

需要准备的物品

- 铝制易拉罐
- 迷你燃气炉
- 烧烤用铁丝网
- 劳保手套
- 装满水的水池或脸盆

与空气一样，水在受热或遇冷后也会发生体积变化。

如果温度越来越高，水会在 100℃时沸腾（标准大气压下），变为水蒸气。这时，水的体积将变为原来的 1000 倍左右。而如果把水冻成冰，它的体积也会略微增大（这就是为什么冰镇的瓶装水会鼓起来）。

接下来的实验，我们要通过给水加热和制冷，将一个易拉罐压扁。易拉罐为什么会被压扁呢？请你根据目前所学，开动脑筋想一想。

注意 这个实验需要用火。请务必在大人的陪同下操作，小心烫伤。

1

在易拉罐里倒入 50ml 左右的水。

2

把铁丝网放在燃气炉上，给装有水的易拉罐加热。

注意 小心烫伤。

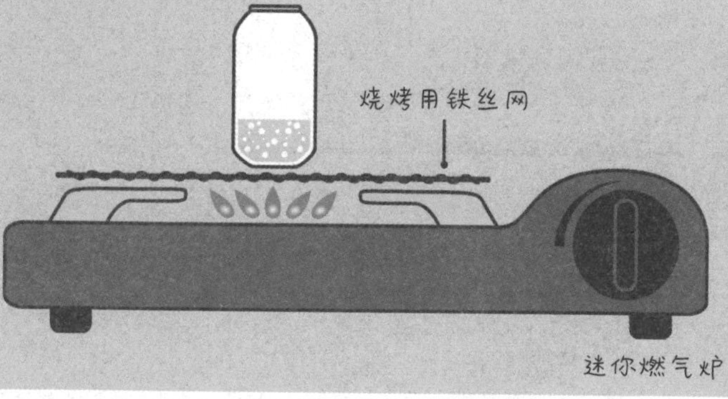

3

加热一会儿后，水会沸腾，变成水蒸气，从易拉罐里冒出来。我们看不见水蒸气，但是能看见它在空气中遇冷凝结成的蒸汽（小水滴）。蒸汽冒出大约 1 分钟后，就可以关火了。

注意 不要让易拉罐干烧！

4

戴好手套，把易拉罐迅速倒扣进装满水的水池里。

注意 易拉罐很烫，为了避免烫伤，请务必佩戴劳保手套。

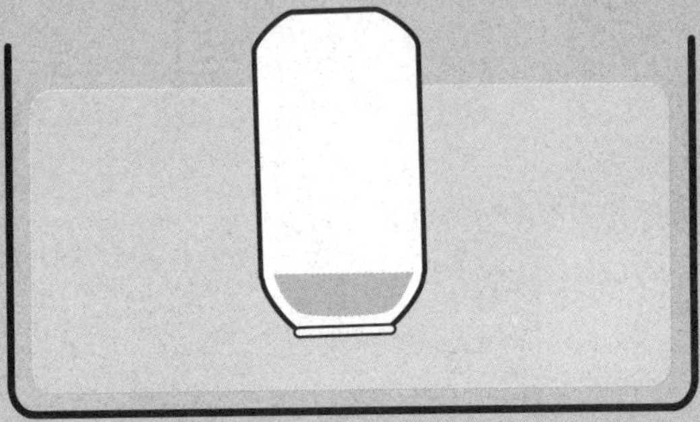

5

易拉罐冷却后不久，就会“咔嚓”一声被压扁！就算是用手，也很难把易拉罐压得这么扁。易拉罐究竟发生了什么呢？

易拉罐为什么会被压扁？

A

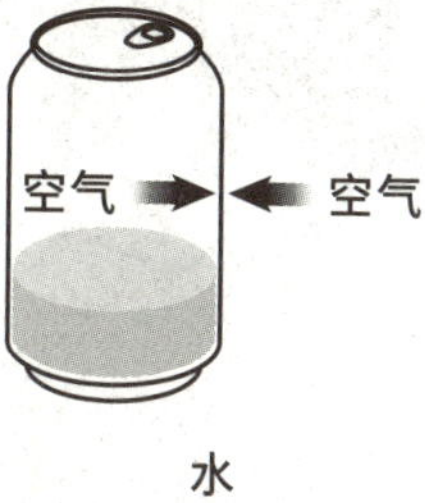

内外压力平衡。

B

水变成水蒸气，体积变大了 1000 倍左右！
易拉罐中的空气被挤出。

C

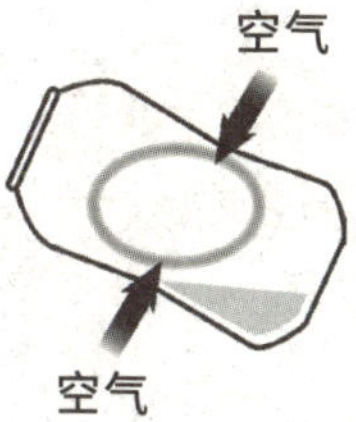

水蒸气变回水，易拉罐里形成真空状态，于是就被外面的空气压扁了。

最开始，易拉罐内部和外部的空气压力处于平衡状态。(A)

水被加热后会沸腾，变成水蒸气。这时，它的体积变为原来的 1000 倍左右。易拉罐被水蒸气充满，原本在罐内的空气就被挤到外面了。我们看不到水蒸气和空气，但是能看到水蒸气在易拉罐外冷却后形成的蒸汽。看到蒸汽冒出，我们就可以认为，易拉罐内的空气已经都被挤出去了。(B)

为了防止进水，我们要把易拉罐倒扣着迅速放入水中冷却。充满易拉罐的水蒸气遇冷后变回水，体积缩小，易拉罐内就形成了真空（没有空气）的状态，只受到来自外部的空气压力，于是就被压扁了。(C)

事件 5
博士的挑战书

馆山博士给3个人
出了3道谜题？！
雨……
一直下个不停呢！
现在是梅雨季——
啊！绣球花……
伸手

揪
揪
揪
啊!
妮可!
这是做实验要用的!
我已经征得老师的同意了。
就算是梅雨季，妮可还是这么有精神……
把红色的绣球花瓣捣烂……
滴答滴答
再挤入柠檬汁。
啊!变蓝了!
红色绣球花瓣中的色素与柠檬汁中的酸发生反应，于是就变蓝了。

提示：我们对必要的实验材料的采集和使用，务必要注意使用的合理性，并征得所有人的同意。必要时，要提前咨询相关领域专家、老师等。

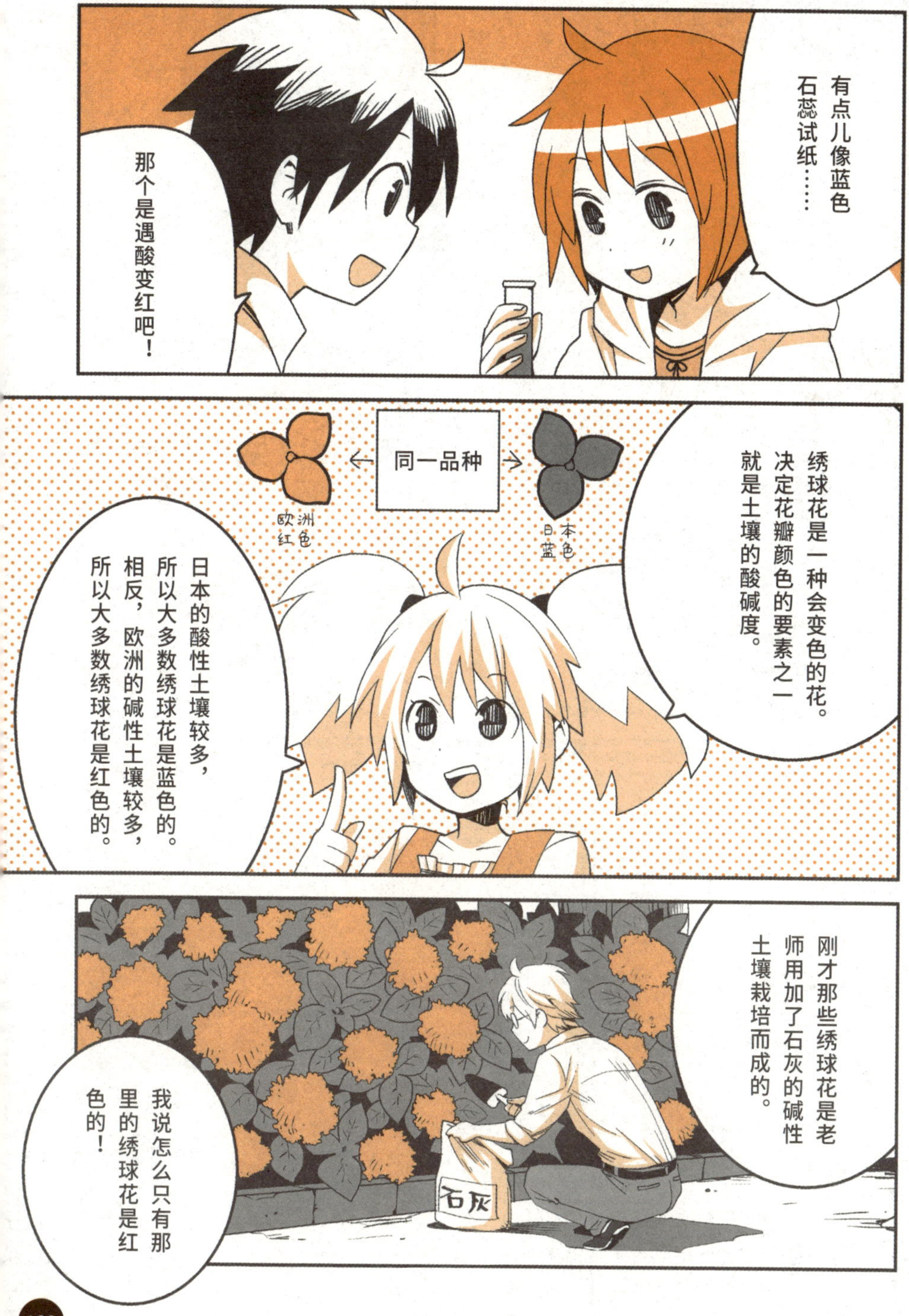
有点儿像蓝色石蕊试纸……
那个是遇酸变红吧！
绣球花是一种会变色的花。决定花瓣颜色的要素之一就是土壤的酸碱度。
同一品种
欧洲红色
日本蓝色
日本的酸性土壤较多，所以大多数绣球花是蓝色的。相反，欧洲的碱性土壤较多，所以大多数绣球花是红色的。
刚才那些绣球花是老师用加了石灰的碱性土壤栽培而成的。
石灰
我说怎么只有那里的绣球花是红色的！

大功告成！
老师明天做实验用的绣球花汁做好了！
帮老师准备上课用具，老师会批准我们进实验室！
咦？
有红茶耶！
是老师给我们沏的？为了犒劳我们？
啊哈！我们可以把它做成柠檬茶——

加入柠檬之后，茶的颜色会变淡，你的那杯也是吗？
是呀！是呀！茶水中的部分物质会因为酸性变为无色。茶水的颜色就变淡了。
让我也来尝尝！
丢入
加一颗方糖……
茶水加了方糖之后会变黑，这又是为什么？
那是方糖中的铁与红茶里一种叫作『鞣酸』的物质结合产生的现象，和酸性没关系。
咦？勺子怎么这么重？
……咦？
这颗方糖……

好奇怪啊！红茶里的方糖没有溶解，
用勺子能把它戳碎，但它还是不溶解。
确实有点儿奇怪，还是别喝了。
妮可、风子看这个！
桌子上有一个平板电脑，它刚才自己亮起来了！
向放学后科学探险队发起挑战。
如果你们能解开下面的 3 道谜题，
我就把一个珍贵的礼物送给你们。
第一题
不溶解糖的红茶
密码 □□□□□
挑战书？！

茶不是老师给我们沏的？！
又是密室事件？！
今天准备室没锁门，什么人都有可能进来。
竟然有人敢向放学后科学探险队发起挑战！
你好像很开心嘛……
密码
唔……
密码是5个字符。
也就是方糖不溶解的原因吗？
……

托马，你还是舔一口吧！
呃……
为什么！
舔
好甜！
这个超级甜！
果然不出我所料……
密码应该是……
密码 B A O H E
得意…
答对啦！
BAOHE？

是『饱和』！
这杯红茶从一开始就是不能再溶解更多方糖的饱和溶液。
它已经没有空间去溶解方糖了。
所以方糖就不会溶解啦！
现在已经到达极限了！
对了，露水也是同样的原理。
啊——最近露水好多，东西都要发霉了。
湿漉漉
那是因为空气中的水达到了饱和状态。

空气越冷，能容纳的水蒸气的量就会越低……
暖
挤不下了！
冷
水分子
露水
原来如此，所以冷的地方才会有露水啊！
好啦！看下一题吧！
不会吧？『请用桌子下面的工具，在不弄洒红茶的前提下，把它运送到地图中的指定地点。』
这……？
这不是我爷爷家吗……
什么！馆山博士的家？！
所以出这些谜题的也是馆山博士喽？！
很有可能……

馆山博士就是妮可和托马参加的科学竞赛的主办人，也是风子的爷爷。
我好崇拜他！
我好喜欢他！
咱们得快点儿行动！
激动
激动
激动
激动
桌子下面！快找找看是什么！
找到了！
这是……
托盘和绳子？
提示：
土耳其

解谜线索

完成博士发布的任务！

敬爱的馆山博士给放学后科学探险队发来了挑战书！
能去馆山博士的家，我真的好激动！！
怎样才能在不弄洒红茶的前提下，快速移动呢？

关键提示

- 要用到托盘、绳子和剪刀。
- 与土耳其有关？！

如果用托盘端着红茶走，红茶肯定会因为晃动而洒出来！
啊，对了！面馆的送餐员骑摩托车送餐时，面汤是不会洒出来的！

重要线索！

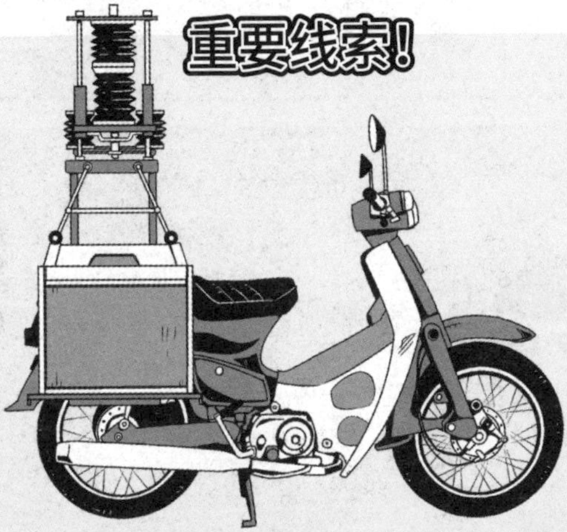

这是面馆的送餐摩托。上方安装了悬吊式减震器，面碗会直接放在下方的箱子里。

为什么面汤不会洒呢？

重要线索是送餐摩托！我明白了！

第一个想出来的竟然是托马，真少见！

我经常摆弄机械，自然就想到了机械的原理。送餐箱虽然也会摇晃，但是面汤完全不会洒出来。

你是说，我们得用托盘和绳子，做出一个模拟的送餐箱？

谜题的
案将在“
外活动篇
揭晓！

番外篇
妮可的燃烧实验教室
把氢气和氧气以2:1的比例充入袋子……
嘶嘶——
氧气
氢气
然后让混合气体充满软管
嘶嘶——
点火
啊！
哇啊！
噼啪
在化学课上最容易造成事故的就是这个氢氧混合爆炸实验，
做这个实验之前一定要认真听老师的叮嘱哦！
那么接下来……
好危险！
欢迎来到妮可的燃烧实验教室！

注：本实验存在一定的危险性，18 岁以下的青少年须在成人指导下进行学习、了解。

先来做这个吧！
滋啦
怎么突然开始做饭了？！
滋啦
根本就不是实验嘛！
？
啊！这是火焰烹饪！
呼呼
你们猜猜肉为什么不会被烧焦？
这……为什么呀？
吞口水
同样的事情用浸透酒精的纸也可以做到。
纸也没有被烧焦！
燃烧其实就是伴随着发光和放热的氧化反应。
可燃物
O2

普通的液体与氧气（氧化剂）不会直接发生反应，它们的温度也达不到燃烧所需的温度。
液体
酒精具有『易挥发』的性质，在常温下很容易变成气体，
它会在不断挥发的同时发生进一步的氧化反应。
烟雾缭绕
挥发
酒精
肉
我们点火加热后，会引发一系列的连锁反应，火焰会一下子高高腾起。
因为这时，可燃物、氧化剂、高温都在同时帮助燃烧。
另外，肉会越烤越硬。不过这和氧化没有关系。
滋啦—
滋啦—
肉是由蛋白质组成的。蛋白质在温度达到65°C以上时会发生变质，于是肉就变硬了。
这个过程与燃烧不同，不会放出热量。
这里焦黄的物质并不是被烧焦了，
刺啦——
而是糖和氨基化合物在加热后生成的物质，它有着诱人的金褐色。
这个反应叫美拉德反应。
黑烟……

噼里啪啦
人类从很久以前就开始用火来做饭和照明了。
虽然现在已经改成用电照明了，但做饭还是以用火为主。
当然，如果加热时间过长，肉就会碳化并燃烧起来，一定要小心！
*后来大家很负责地把烤完的肉吃掉了。
滚滚
浓烟
哎呀——
我们身边还有一个用到燃烧反应的例子，
就是汽油发动机！
啊！这个！是我擅长的领域！对！没错！
抢话
汽油是一种非常易挥发的石油制品。
喂

①吸气
②压缩
③燃烧、膨胀
④排气
吸气阀门
排气阀门
汽油发动机的构造是这样的！它是通过反复进行①吸气②压缩③燃烧、膨胀④排气来产生动能的！
啊哈！汽油发动机是一个能将汽油和氧气充分混合的点火机器。
发动机的种类除了活塞式之外，还有转子式，另外还有火箭发动机、喷气式发动机……
好了，停！停！
感兴趣的小读者自己去查一查吧！
我还想说的是，汽油的燃点很低，需要储存在专门的容器中。想要使用汽油，必须先取得危险品从业者的资格才可以！
要小心哟！
安全第一
危险品从业者资格证！
嘿嘿嘿
我刚才说燃烧需要氧气，不过……
取出

是烟花！
唰
水缸！
哇哇哇！在水里也能燃烧！
唰
烟花里面有火药、氧化剂和发光剂。
氧化剂会产生新的氧气，所以燃烧可以持续下去。
唰
当然，这个实验很危险，大家一定要小心！
我已经感觉到老师就站在我们身后，而且表情很可怕——
没……没什么！我们什么也没干！
藏起
质问
那你藏在背后的烟花怎么解释？

《孩子们的科学》

创刊近 100 年，是面向的小学生的综合性科学杂志。内容涉及科学新闻、趣味实验、趣味手工、宇宙、生物、机器人等。每月都在用充实的内容，激发着孩子们对科学的兴趣。

原书创作团队

主　　编　泷川洋二　原口留美（伽利略工作室）

伽利略工作室是致力于为大众科普科学知识、研发科学互动活动的NPO 团队。为了让更多人体会到科学的乐趣，团队精心策划了很多有趣的科学活动、简单的科学实验，并通过报刊、书籍和视频节目向人们介绍。本团队还在日本各地开办实验教室、科学展示等活动。

风子的潜望镜（第 66 ～ 69 页）编辑　野吕茂树

封面设计　二寻鸠彦

合作编辑　赛德牧场

装帧设计　岛田龙生

排　　版　和泉奈津子